経営学史学会編　〔第二十八輯〕

経営学における『技術』概念の変遷

——AI時代に向けて——

文眞堂

巻頭の言

経営学史学会第 9 期理事長　勝　部　伸　夫

　経営学史学会第 28 回全国大会は，5 月に久留米大学での開催が予定されていたが，新型コロナウイルス（COVID-19）の世界的な感染拡大のために対面型の大会は中止せざるを得なくなり，代わって Web 上に予稿集を公開する「誌上開催」に切り替えて実施された。例年行ってきたような報告，討論は叶わなかったが，「誌上開催」を通じて各報告者の予稿集を読むことができ，また一部ではあるが報告者と会員間でメールによる質問や意見交換も行われた。異例な形での開催となったものの，何とか無事に「誌上開催」を終えることができたのは，福永文美夫大会実行委員長の柔軟で忍耐強いご対応のお陰である。衷心より感謝申し上げたい。

　今回の大会の統一論題は「経営における『技術』概念の変遷——AI 時代に向けて——」というテーマが掲げられた。経営学における技術観や技術概念の変遷を見ていくことで，「AI の時代の経営学」を展望しようとするものである。技術の歴史を振り返ることは，その登場によって社会が大きく転換したという意味では非常に興味深いものがある。ドラッカーによれば，「技術」は 1700 年以降，わずか 50 年程の間に発明されたという。「テクノロジー（technology）」という言葉は，徒弟が経験を積んで得ることができた秘伝的な技能である「テクネー（techné）」に，組織的，体系的，目的的な知識を表す接尾語「ロジー（-logy）」をつけたものである。つまり数千年にわたって発展してきた「テクネー」＝秘伝としての技能があって，それが初めて収集され，体系化され，公開された知識となることで「技術」は登場したのであり，これによって社会と文明を大きく転換させた産業革命はなし遂げられたという。さらに科学が技術に応用されたのは，技術の登場から 100 年たった 1830 年頃だったという（「ポスト資本主義社会」）。そして 19 世紀末にはテイラーによってこの考え方は仕事に適用され，科学的管理法の成立

で生産性は大きく飛躍した。それから100年たった今，人間の生活と企業経営の根幹を変える可能性をもつAIをどう理解し位置付けるかが問われている。

　さて，本書には，基調報告1編，統一論題報告3編，そして自由論題報告4編が収められている。福永文美夫会員による「経営学における『技術』概念の変遷──AI時代に向けて──」は，基調報告に相応しく技術概念の変遷の歴史を俯瞰したものであるが，技術の概念が多岐にわたること，また定義の定まっていないAIをも扱うという点に二重の困難さがあることを指摘している。村田和博会員の「19世紀前半期イギリスにおける機械の効果と影響──バベッジ，ユア，及びミルの所説──」は，機械化が急速に進む当時のイギリスの経営と労働を3人の所説によりながら見ていくことで，現代のAI時代にも類似の側面があることを明らかにしている。宗像正幸会員の「技術概念・技術観の変遷とその意義──AI時代を見据えて──」は，近代的技術観，近代技術概念の展開を論じた上で，今日のAIが意思決定支援機能を超えて，意思決定者としての人間を代替する面をもつに至り，人間の労働労苦からの解放の可能性とともに，人間精神の感性劣化，退廃の可能性があることを危惧する。AIの健全な発展には健全な「技術批判」の精神が必要だと主張する。桑田耕太郎会員の「AI技術と組織インテリジェンスの追求──バーナード理論，サイモン理論からAI時代の経営学へ──」は，バーナードとサイモンの技術に対する捉え方の違いを整理した上で，組織インテリジェンスには組織学習が必要であり，AIを導入したとしても人間が実践を通じて自身の思考様式を反省する自己言及性が不可欠だと指摘し，この問題のさらなる研究の必要性を主張する。何れの論考も経営学においてAIをどう位置付けるかの貴重な視点を提示しており，われわれもこうした問題意識を共有しながらAIと対峙すべきであろう。

　コロナ禍で出版事情は厳しさを増してきているが，本書の刊行をご支援頂いた文眞堂・前野隆氏，前野眞司氏には，心より感謝申し上げたい。

目　次

巻頭の言 ……………………………………………………勝　部　伸　夫… i

第Ⅰ部　趣旨説明 …………………………………………………… 1

　経営学における『技術』概念の変遷 ………第9期運営委員会… 3
　　──AI時代に向けて──

第Ⅱ部　経営学における『技術』概念の変遷 ……………………… 5
　　　──AI時代に向けて──

　1　経営学における『技術』概念の変遷 …福　永　文美夫… 7
　　　──AI時代に向けて──

　　Ⅰ．はじめに ……………………………………………………… 7
　　Ⅱ．技術とは何か ………………………………………………… 7
　　Ⅲ．経営学における「技術」概念 ……………………………… 9
　　Ⅳ．おわりに──AIの登場と経営学の未来 ………………………16

　2　19世紀前半期イギリスにおける機械の効果と
　　　影響………………………………………村　田　和　博…19
　　　　──バベッジ，ユア，及びミルの所説──

　　Ⅰ．はじめに ………………………………………………………19
　　Ⅱ．機械の改良と導入を発生させる要因 ………………………20
　　Ⅲ．機械の効果と特別の利潤 ……………………………………22
　　Ⅳ．機械が労働に与える影響 ……………………………………24

　　　Ⅴ．技術進歩と経済成長 ……………………………………30

　　　Ⅵ．むすび ……………………………………………………32

　3　技術概念・技術観の変遷とその意義 …宗　像　正　幸…34
　　　　──AI 時代を見据えて──

　　　Ⅰ．技術事象の基本的意義 …………………………………34

　　　Ⅱ．技術概念・技術観の変遷と展開 ………………………35

　　　Ⅲ．20 世紀以降の産業・技術発展と経営学における
　　　　　技術観の展開 ……………………………………………40

　　　Ⅳ．AI をめぐる議論の展開 ………………………………42

　　　Ⅴ．技術概念・構想展開のインプリケーション …………45

　4　AI 技術と組織インテリジェンスの追求
　　　………………………………………………桑　田　耕太郎…52
　　　　──バーナード理論，サイモン理論から AI 時代の経営学へ──

　　　Ⅰ．はじめに …………………………………………………52

　　　Ⅱ．バーナードにおける企業と経営の技術 ………………55

　　　Ⅲ．サイモンが見た世界と技術 ……………………………57

　　　Ⅳ．AI 時代の経営学に向けて ……………………………62

第Ⅲ部　論　　　攷 ……………………………………………69

　5　技術進歩のもたらす経営組織の逆機能に
　　　関する一考察 ……………………………藤　川　なつこ…71
　　　　──組織事故の視点から──

　　　Ⅰ．緒　　言 …………………………………………………71

　　　Ⅱ．技術と組織を巡る理論体系 ……………………………72

　　　Ⅲ．経営組織の不適合と逆機能 ……………………………76

　　　Ⅳ．技術進歩のもたらす組織事故 …………………………78

　　　Ⅴ．結　　語 …………………………………………………81

6　協働におけるアカウンタビリティの類型
　　……………………………………………坂　井　　　恵…85
　　——Barnard（1938 ; 1948）の組織概念からの接近——

　Ⅰ．はじめに ………………………………………………………85
　Ⅱ．コミュニケーションとしての責任実践と
　　　アカウンタビリティ …………………………………………86
　Ⅲ．協働におけるコミュニケーションの類型 …………………88
　Ⅳ．協働におけるアカウンタビリティの類型 …………………91
　Ⅴ．おわりに ………………………………………………………94

7　ノーマル・アクシデント理論と高信頼性理論
　　の「技術観」………………………………杉　浦　優　子…97

　Ⅰ．はじめに ………………………………………………………97
　Ⅱ．ノーマル・アクシデント理論と高信頼性理論の概説 ………98
　Ⅲ．ノーマル・アクシデント理論と高信頼性理論の統合 ………99
　Ⅳ．ノーマル・アクシデント理論と高信頼性理論の共時的統合
　　　…………………………………………………………………100
　Ⅴ．ノーマル・アクシデント理論と高信頼性理論の経時的統合
　　　…………………………………………………………………101
　Ⅵ．考　　察 ………………………………………………………101
　Ⅶ．おわりに ………………………………………………………106

8　日本におけるバーナード理論の受容と展開
　　……………………………櫻　田　貴　道・磯　村　和　人…109

　Ⅰ．イントロダクション …………………………………………109
　Ⅱ．研究方法 ………………………………………………………109
　Ⅲ．バーナード理論の受容 ………………………………………110
　Ⅳ．バーナード研究の動向 ………………………………………112
　Ⅴ．バーナード理論の展開 ………………………………………114

　　Ⅵ. 考察と結論 ………………………………………… 118

第Ⅳ部　文　　献 ……………………………………………… 121

　　1　経営学における『技術』概念の変遷
　　　　──AI 時代に向けて── ……………………………… 123
　　2　19 世紀前半期イギリスにおける機械の効果と影響
　　　　──バベッジ，ユア，及びミルの所説── ………… 123
　　3　技術概念・技術観の変遷とその意義
　　　　──AI 時代を見据えて──…………………………… 125
　　4　AI 技術と組織インテリジェンスの追求
　　　　──バーナード理論，サイモン理論からAI 時代の経営学へ──
　　　　……………………………………………………… 126

第Ⅴ部　資　　料 ……………………………………………… 129

　　経営学史学会第 28 回全国大会実行委員長挨拶
　　……………………………………福　永　文美夫… 131
　　第 28 回全国大会を振り返って………………渡　辺　泰　宏… 133

第Ⅰ部
趣旨説明

経営学における『技術』概念の変遷
——AI時代に向けて——

第9期運営委員会

　経営学史学会は，2018年度の第26回全国大会で「経営学の未来——経営学史研究の現代的意義を問う——」が設定され，2019年度の第27回全国大会で「経営学の『概念』を問う——現代的課題への学史からの挑戦——」が設定された。これらは，学史研究固有の接近方法で学史研究の意義や経営学の未来について論じるという方向性をもっていた。2020年度の第28回大会は，第27回大会の「概念の変遷史」という切り口を引き継ぐ形で，「技術」に焦点をあてる。すなわち，経営学におけるさまざまな技術観や技術概念の変遷をたどりながらAIとの関連性を議論し，文明の転換期ともいえるAI時代の経営学への展望を示すというのが今大会の目的である。

　近年AIが急速に発達し，生産，移動，物流，医療，介護，教育など人間社会のあらゆる分野で技術革新に伴う変革が進みつつある。AI技術が進展することで，われわれの生活は大きく変わろうとしている。このような変化に対応するためには，道具や機械を使用することを通じて進化してきた人間の来し方行く末を見据える文明論的視座をもつことが重要である。

　経営学史学会では，2001年度の第9回大会で「テイラーからITへ——経営理論の発展か転換か——」という統一論題を設定した。それは経営学を20世紀文明とともに発展してきたと位置づけ，経営理論の始まりのテイラーからIT革命を経てその発展を継続するのか，それとも新しく理論と実践を革命的に転換させていくのかという問題意識であった。

　今大会は，第9回大会に関連するものであるが，テーマを技術という広範なものに設定している。技術とは，物事をたくみに行うわざ，技巧である。また，科学を実地に応用して自然の事物を改変・加工し，人間生活に利用するわざである。語源的には，英語のtechnologyは，古典ギリシャ語の「わ

ざ」的なもの全般を指す τεχνη（テクネー）に由来している。それがラテン語の ars（アルス）という語に訳され，英語の art（アート），ドイツ語の Kunst（クンスト）に引き継がれた。さらに，現代英語の art が「技術」と訳される場合もあり，技術の概念は多様である。近代的な技術の成立は，一般的には 18 世紀後半からの産業革命（紡績機，蒸気機関など）と 19 世紀後半からの第 2 次産業革命（重化学工業の発達）が重要な画期として位置づけられている。

　経営学では，かつて，経営学を技術学として経済学から区別された独立の科学とみなす経営技術論という分野があった。その後，主として工業経営あるいは生産管理という分野において技術が論じられてきている。近年は，技術経営という新しい分野が誕生し，研究がさかんに行われている。それは，主に製造業がものづくりの過程で培ったノウハウや概念を経営学の立場から体系化したものであり，技術を使って何かを生み出す組織のための経営学である。このように経営学における技術概念は，その時代時代によって変遷してきている。

　技術の定義や語源をあらためて見直してみると，経営学全般の学説あるいは理論そのものも技術概念に関連しているといえる。たとえば，テイラーの科学的管理やフォード生産方式は，それぞれ工場の経営をたくみに行うための管理の技術であり生産の技術である。また，バーナード理論やサイモン理論も企業経営や協働システムをたくみに行うための管理の技術である。もっとも，バーナードは，executive art（管理のアート）という表現を使用しており，経営者はアートが必要であると述べている。つまり，経営学における学説や理論は，現実の企業経営をたくみに行うための処方箋であり，技術あるいはアートであるともいえよう。

　論者には，それぞれの専門領域に基づく論者なりの技術観，あるいは技術概念を示していただき，その観点から AI とどのように関連づけられるかを論じていただきたい。その際，論者にはその技術観・技術概念と AI 技術との連続性あるいは非連続性を意識しながら，AI 時代の経営学への展望を示していただきたいと考えている。今大会において，経営学史学会ならではの経営学の未来を論じてみたい。

第 **II** 部
経営学における『技術』概念の変遷
──AI 時代に向けて──

1 経営学における『技術』概念の変遷
—AI時代に向けて—

福 永 文美夫

I. はじめに

　経営学は，18世紀の産業革命を経て近代的科学技術の発展に伴い企業が大規模化し大量生産を可能にしてきた20世紀に生まれた。当初はテイラーやフォードに代表されるように，そこには管理の技術や生産の技術があった。その後，その理論は生産管理，ORや経営工学という分野に発展している。また，かつて技術論論争があり，経営学を技術学として経済学から区別された独立の科学とみなす経営技術論という分野があった。さらに，近年では技術経営という新しい分野が誕生している。それは，主に製造業がものづくりの過程で培ったノウハウや概念を経営学の立場から体系化したものであり，技術を使って何かを生み出す組織のための経営学である。

　近年は，第3次AIブームと呼ばれている。経営学関連の学会でもAIは統一論題のテーマとして取り上げられ，さまざまな議論が展開されている。本大会では技術概念の変遷をたどりながらAI時代を射程にして，今後の経営学の未来を考えていきたい。

II. 技術とは何か

1. 技術の概念

　技術とは，『広辞苑』によれば，物事をたくみに行うわざ，技巧，技芸である。また，科学を実地に応用して自然の事物を改変・加工し，人間生活に役立てるわざである。語源的には，英語のtechnologyは，古典ギリシャ

語の「わざ」的なもの全般を指す τεχνη（テクネー）に由来している。それがラテン語の ars（アルス）という語に訳され，英語の art（アート），ドイツ語の Kunst（クンスト）に引き継がれた。さらに，現代英語の art が「技術」と訳される場合もあり，技術の概念は多様である。

　古代や中世では，生産技術との結びつきは薄く，当初は技術がいわゆる「技芸」という芸術と技術が一体化した属人的な制作者の全人格に依存してきた。その次の段階として，技術は熟練や技法として生産者の「腕」に依存し，人間性とは切り離されていった。近代の産業革命時代になって以降は，狭義の技術，すなわち工学的な知識・教育体系や客観的技術としての操作方法，そして客体的技術としての物的機器・材料・プロセスなどの非属人的客観的技術概念が出現した。一方で，技術者のもつ属人的な技能（応用能力）や労働者のもつ属人的な技能（熟練）としての技術概念，またプロセスや製品に関わる発明・研究開発・技術革新としての技術概念も同時に存在することとなった（宗像 1989, 54 頁）。

2．産業革命と近代技術

　産業革命は，蒸気機関や紡績機の技術革新を発端としているが，人々を農村から都市へと導き，人類の人口の飛躍的な増加をもたらし，近代とそれ以前を分かつ分水嶺と位置づけられる現代文明の基盤となる革命である。

　森谷正規によれば，産業革命以来の技術進展はエネルギー，物質，情報という技術の 3 要素に大別できる（森谷 1998, 16-35 頁）。産業革命で開発されたエネルギーに関する技術は，蒸気機関をはじめ，内燃機関，電力，蒸気タービン，水力タービン，ジェットエンジン，ガスタービン，原子力発電などである。また，物質（材料）に関する技術は，硫酸，塩素，ソーダなどの無機化学工業の技術であり，その他には鉄鋼，アルミ，合成繊維，プラスティックなどが物質に関する技術である。エネルギーと物質の両方に関係する技術としては，紡績機，力織機，蒸気機関車，蒸気船，自動車，航空機，ミシン，タイプライター，エレベーターなどの機械がある。一方，19 世紀半ばからアメリカで開発された電信や電話の技術は，エネルギー，物質，情報の技術の組み合わせであった。

　この3要素の中で情報に関する技術は，エネルギーや物質に関する技術に比べてその進展が大きく遅れ，現在のコンピュータのアーケテクチャーとされているノイマン型コンピュータの開発は，1946年であった。サイモンが1955年頃から組織における意思決定過程の研究からAIの研究に移行するのは，このコンピュータの開発に加え，当時の認知心理学や形式論理学の発展，あるいはサイバネティクス概念の進展などに触発され，人工知能を生み出すような時代精神があったからである（Simon 1996, pp. 189-197, 翻訳書，279-290頁）。サイモンはその後，1975年にチューリング賞を受賞し，さらに1978年ノーベル経済学賞を受賞した。それから40年以上たった現在，第3次AIブームと呼ばれ，再びサイモンが人工知能の父として脚光を浴びている。

Ⅲ．経営学における「技術」概念

　本節では，経営学において「技術」概念を直接的に扱ってきた理論や学会として，経営技術論，工業経営研究学会，技術経営を取り上げる。そして，技術概念を論じた主要な論者として，バーナードとサイモンを取り上げる。

1．経営技術論

　技術概念については，戦前より物理学者，哲学者，経済学者等によりさまざまな議論がなされており，技術は労働手段の体系であるとする労働手段体系説と，技術は人間実践における客観的法則性の意識的適用であるとする意識的適用説とに分かれ，技術論論争として議論されてきた。

　かつてドイツ経営学において経営学の方法論争があり，「経営学は金儲けの学問」であるとの批判に対して，リーガーを中心とする理論学派，シュマーレンバッハを中心とする技術学派，ニックリッシュを中心とする規範学派の3つの学派が存在した。技術学派は，経営学が直接的間接的に，経営実践に役に立つものを目指すものである。日本の経営技術論はこの流れをくんでいる。

　貫隆夫は，その著『管理技術論』において，技術を「実践における客観的

方法の知的モメント」と規定し，狭義の管理（ヒトの管理）と広義の管理（ヒトとモノの管理）に分け，狭義の管理技術としての経営管理技術とは，「内在する動力要因（運動の量）および制御要因（運動の仕方）をもつ対象としての人間協働システム（ヒト）の運動を制御するための，実践における客観的方法の知的モメント」とする。また広義の管理技術とは，「少なくとも内在する動力要因をもつ対象の運動（ヒトとモノの運動）を制御するための，実践における客観的方法の知的モメント」であるとする（貫 1982, 57頁［(　) 内は福永による］）。

　貫はこのように概念規定したうえで，技術を目的達成活動の主体，手段，対象，成果という構成要素に区分し，生産技術と管理技術の現存形態を明らかにした。貫は，経営技術あるいは管理技術についての馬場克三，三戸公，藻利重隆，中村清治の所説を論評しているが，本稿では，紙幅の制約から馬場と藻利のみを取り上げ，その他の論者は要点のみ紹介する。

　馬場克三は，以下のように経営技術を捉える。「一般に経営技術学の主張における欠陥は，経営技術を抽象的に考え，これを工学的な生産技術と等置するところにある。工学においても材料価格や労働費を所与とした経済性計算は行われる。だが，この工学的技術が利潤追求目的に使用されるとき，初めて現代における経営技術が成立するのである。ところで，工学技術－生産技術といえども，一定の社会的規定をうける。それは，工学的発明が一定の社会的条件のもとでのみ成立することからもわかる。しかし，それにもかかわらず，工学的技術－生産技術は，それ自体の論理によって発展するものとみることができる。ところが，経営技術はこれら生産技術の資本価値増殖への利用として現れるのであり，資本の運用そのものとして成立するのである」（馬場 1957, 105頁）。

　これに対して貫は，生産技術であろうと，流通販売や労務管理の技術であろうと，企業の利潤追求目的に用いられる技術一般を経営技術として把握しており，経営技術と工学的な生産技術は等しいという見解は，技術をもともと異なる2つの技術である工学的技術＝生産技術と社会的技術＝経営技術（管理技術）からなるものとする一般的な見解とは異なると批判する（貫 1982, 64頁）。

　次に藻利重隆は，管理技術の概念を熟練の移転の一形態たる「管理の事務化」とからめて述べている。いわゆる管理の技術は，何よりもまず「管理の事務化」において成立する「管理事務」の遂行である。「たとえば，会計事務，監査事務，統計事務，企画事務，予算管理事務，原価管理事務，品質管理事務，工程管理事務，人事管理事務，組織管理事務，調査事務その他各種のもの」（藻利 1973, 114-115 頁）が挙げられる。

　これに対して貫は，管理事務とは管理職能遂行の補助機能としての，情報の収集・記録・整理・加工・保管・伝達などの業務である。具体的には意思決定補助機能に関わる業務である。したがって，管理事務は，それが事務であるかぎり，管理事務作業である。それに対応する技術は，管理事務作業の技術であって，管理の技術ではないと批判する（貫 1982, 80 頁）。

　貫は，馬場については，生産技術と経営技術は二種類の技術として区別すべきであること，藻利については，管理技術は単なる管理事務の技術にとどまらないことを指摘した。その他，三戸公に対しては，経営技術と管理技術は異なるものであること，中村清治に対しては，生産技術と管理技術が共通の技術概念において統一されていないことを指摘した。

　以上，貫（1982）に依拠しながら経営技術論の議論を敷衍してきた。経営技術論は，企業経営における技術とは何か，つまり，経営技術とは何か，管理技術とは何か，生産技術とは何かを解明しようとした。つまり，経営学の方法論とも関連する技術の本質論的議論を展開してきたといえる。

2．工業経営研究学会

　経営学関連の学会において，技術に関して最も精力的な研究をしているのは 1986 年に設立された工業経営研究学会である。学会設立趣意書には，以下のように書かれている。

　　「今日の産業社会は先端技術を中心とした高度技術革新時代に入っている。それは，マイクロエレクトロニクス，ニューメディア，新素材，バイオテクノロジー等に代表され，工業経営を巡る技術革新と経営環境の変貌には目を見張るものがある。この激変する状況のなかで，事業機会の創

造的活用を図るところに最近における工業経営の特質が見いだされる。このような新しい工業経営の学問的研究には，多方面にわたる専門的知識や経験の合成が必要であり，専門を異にする研究者の協力が要請される。今や，そのための異種専門家交流の場の設定が不可欠的な重要性を持つようになってきた。…工業経営の研究は，経営技術ないし管理技術の研究を含むが，それは，常に進展する企業経営の原理論及び管理論，組織論と結び付くことによって，初めて成立する。そして，こうした体系において核をなすものは，経営の原理論である。工業経営という企業経営の問題だからである」（「工業経営研究学会設立趣意書」1986 年 9 月 20 日，学会ホームページ）。

　経営技術論が経営学の方法論に関連しているのに対して，当初の工業経営研究は工場管理論，工業管理論あるいは生産管理論としてテイラーやフォードが対象であり，理論的領野の狭いものに限定されがちであったが（宗像 1976, 93-96 頁），工業経営研究は，管理論や組織論と結びつく企業経営の原理論と位置づけていることは重要である。

　工業経営研究学会は，毎年の全国大会時に工場見学のプログラムを組み入れていることが特徴的である。そして，ここ 10 年ほどの全国大会の統一論題のキーワードは，「日本企業の再興，技術立国」「モノづくり革新，イノベーション」などに集約されており，技術革新と経営環境の変化に対応すべく研究を続けている。

　すなわち，工業経営研究学会は，経営の現実を直視し異業種との交流を通じて技術の実体把握を目指しており，技術の実体論を探究してきたといえる。

3．技術経営

　技術経営に関する最新の標準的教科書である原拓志・宮尾学編『技術経営』によれば，技術経営とは企業や社会の便益を高めるために技術を積極的に創造・活用・制御しようとする組織的活動およびそれに関する知識体系ないし学問領域のことであり，したがって，企業経営の視点から技術のあり

方，技術の視点から企業経営のあり方，社会の視点から技術と経営の関係，技術と経営の関係から社会のあり方を考えるものである（原・宮尾編 2017, 14 頁）。

　技術経営という学問領域が生み出されたのは，1960 年代から 1980 年代にかけて，マサチューセッツ工科大学やハーバードビジネススクールに設けられた科学技術マネジメントや研究開発マネジメントの講座，さらにビジネススクールのカリキュラムからだといわれている。日本企業の実践から多くの示唆を受けながら主にアメリカで発展した技術経営の考え方は，その後，日本に逆輸入される。特に，日本企業の国際競争力に陰りが見えだした 1990 年代になって広がり出し，2000 年代に入ってからは，経済産業省や文部科学省が積極的に技術経営の普及を促進し，国内に技術経営の大学院コース（MOT スクール）が多く生み出された（原・宮尾編 2017, 15 頁）。

　具体的には，どのような製品や工程を開発することが企業間競争において自社を有利に導くか，多角化を進めるうえで自社の技術を活用できる事業は何か，世の中の動向を踏まえてどのような技術開発を進めるべきか，他社との連携において自社が担うべき範囲と他社に任せる範囲とをいかに定めるか，などの問題が技術経営のテーマとなる。また，技術経営の主たる関心は，企業や社会の便益のために技術をマネジメントすることである。したがって，企業経営と技術に関わる以下の諸問題を扱う（原・宮尾編 2017, 15 頁）。

　つまり，①技術変化やイノベーションのメカニズム，②戦略と技術との関係および技術・製品戦略，③技術・製品開発のための組織マネジメント，③技術・製品開発プロセスのマネジメント，④工程開発や製造のマネジメント，⑤技術・製品開発とマーケティング・営業との調整，⑥サプライチェーン・マネジメント，⑦技術経営のための組織間関係の構築とそのマネジメント，⑧特許や規則などの制度への対応，⑨技術人材のマネジメントなどである。

　技術経営は，近年の経営学においてますますその存在感を増しつつある。たとえば，CiNii において，「技術経営」というキーワードで論文数の検索をしてみると，1970 年までは，論文のヒット数が 8 件，1971 年から 1980 年

までが 40 件，1981 年から 1990 年までが 37 件，1991 年から 2000 年までが 128 件，2001 年から 2010 年までが 1300 件，2011 年から 2019 年までが 860 件であった。2000 年以降，「技術経営」に関連した論文が飛躍的に増加しているのがわかる。

　このように，技術経営は比較的新しい分野であり注目されている。技術経営は，企業内における技術とイノベーションを組織論的戦略論的に考察しており，技術の現象論を記述しているといえる。

4．バーナードの技術概念

　バーナードは技術概念について直接的に規定していない。しかし，主著の巻末のエピグラムにプラトンの『法律編』から技術概念に関連した一節を引用している。

　「これを見た人がだれも，さきほどの私の話していた結論に急ぐとしても不思議ではない—人はなにごとでも法律で決めてしまうことはできない。人間のことはほとんどすべてがチャンスであると。そして船乗り，水先案内および医者や将軍の技術（arts）についてはそういえるかもしれない。けれども，それと同じく正しいといえることが，いま 1 つある。それは何か。神はすべてを支配する，人間のことを支配するには，チャンスと機会とが神に協力するのであると。しかしそれほど簡単ではない，第三の考え方がある—技術（art）はあってもよいのだ，嵐のなかでは水先案内の技術（art）に助けてもらったほうがたしかに有利に違いないだろうと。そう思わないか」（Barnard 1938, p. 297, 翻訳書，310 頁）。

　プラトンの技術概念は，原語としては τεχνη（テクネー）であり，ラテン語の ars（アルス），英語の art（アート）である。この文脈で言えば，技術＝人間の手による技術である。バーナードがこのプラトンの技術概念をここで引用している意味は大きい。というのは，バーナードは主著の結論部分において，経営者の管理技術について以下の叙述をしており，art 概念を重視しているからである。

　「協働の現在の程度と性向は管理技術（arts）がすでに高度に発展して
いる証左ではあるが，残念ながら協働に多方面の制約があることは，それ
がまだ十分に発展していないことを示している。この欠陥は主として釣
合いがとれていないことにあるように思われる。管理技術（arts）は工学
的と呼ばれる分野において高度に発展し，商業技術（technical）の分野に
おいてはかなり発展しているのであるが，人間の相互作用と組織について
の技術（techniques）においては最もおくれている」（Barnard 1938, pp.
291-292, 翻訳書，305 頁）。

　このようにバーナードの技術概念は，人間の手による技術については art
を用い，工学的なモノの技術については technique を用いている。つまり，
バーナードは，高度に発展した工学的な technique（技術）に比較して遅れ
を取っている人間のマネジメントの art（技芸）の発展を望んでいる。

5．サイモンの技術概念

　サイモンの技術概念は，『意思決定の科学』において以下のように明確に
規定されている。

　「基本的に技術（technology）は，そのうちのあるものは物に具体化さ
れるが，しかし「物」そのものではない。基本的には技術は知識である。
すなわちいかに物をつくるかの知識であり，またいかに物事をなすかの知
識である」（Simon 1977, p. 165, 翻訳書，230 頁）。

　サイモンはバーナードとは異なり，技術を art ではなく，technology とい
う単語を用いており，そして技術の概念はいかに物事をなすかの知識であ
るとする。そして，人工知能（artificial intelligence）の人工的（artificial）
という言葉には，軽蔑的な響きがあるという（Simon 1981, p. 6, 翻訳書，2
頁）。当初，サイモンらの研究グループでは，「人工知能」ではなく「複雑な
情報処理」とか「認知過程のシミュレーション」という語句を使っていた。
つまり，自然物ではない人工物に対する強い不信感が人間にはあることを理

解しながら AI の研究に没頭していったのである。

　サイモンは蟻の彷徨から，その軌跡は一見複雑であるが実は単純な１つの行動システムであり，その行動の経時的な複雑さは環境の複雑さを反映したものであると言及した。また，人間も同様に行動システムとしては極めて単純であり，その行動の経時的な複雑さは環境の複雑性を反映したものであるとした（Simon 1981, pp. 63-65, 翻訳書，85-88 頁）。

　つまり，サイモンは複雑な有機体としての人間の行動システムではなく，外部環境に適応していく認知能力だけを分析の対象にする単純な人間の行動システムを想定した。しかしながら，サイモンの理論は純粋な意味での機械論とは異なる。サイモンのいう人工物（artificial）の創造は，デザインの科学として高速道路のデザイン（設計）から倉庫配置，病気の診断のためのプログラム，投資ポートフォリオの選択，音楽の作曲活動といった人間のつくりだしたすべてのものを指している。

　サイモンは，art（技芸）概念と technology（テクノロジー）概念を統合したものを，artificial（人工物）の科学，すなわちデザインの科学と名付けている。その実践形態は現在，われわれ人間のありとあらゆる活動領域において，AI が浸透してきている姿そのものである。

Ⅳ．おわりに——AI の登場と経営学の未来

　AI が普及していく中で，経営学も大きな変革期を迎えていることは明らかである。今後，AI が進展していくことにより，人間社会に多大な便益がもたらされることが期待される一方，透明性や制御喪失などのリスクに基づく人々の AI に対する不安，たとえば，「人間の仕事が AI に奪われる」「シンギュラリティ（技術的特異点）の時代が来る」などの不安が露呈されているのも事実である。これに対して，政府は AI を有効に活用して社会に便益をもたらしつつ，ネガティブな側面を事前に回避又は低減するためには，AI に関わる技術自体の研究開発を進めると共に，人，社会システム，産業構造，イノベーションシステム，ガバナンス等，あらゆる面で社会をリデザインし，AI を有効かつ安全に利用できる社会を構築する必要があることか

ら「人間中心の AI 社会原則[1)]」を定めている（情報通信政策研究所 2019）。

　経営学における技術概念の系譜をたどってみると，経営技術論では技術の本質論が議論され，工業経営研究学会では技術の実体論が議論され，そして技術経営では技術の現象論が議論されてきた。これらは意識的適用説の主導者である武谷三男の三段階論（現象論，実体論，本質論）にそれぞれ対応している（武谷 1968）。その意味でいえば，技術の本質論を展開してきた経営技術論については，技術経営の実証研究や工業経営研究学会の研究蓄積とも併せて再びこの分野の研究を深化させることで，経営学のさらなる発展の可能性があるように思われる。

　バーナードは経営者・管理者の art（技芸）がいかに大切かを強調した。サイモンは人間の行動をモデル化して，technology（テクノロジー）を追究しながら，art と technology を統合して人工物（artificial）の科学を打ち立てた。AI 時代の経営学は，アートとしての人間の技芸とテクノロジーとしての機械の技術との共存が求められるであろうが，人間中心の経営学でなければならない。それは，産業革命時代の人間と機械との関係，すなわち，ラッダイト運動のような人間と機械の敵対的関係とは自ずと異なったものになるはずである。

注

1)　人間中心の AI 社会原則には，7つの原則がある。それは，①人間中心の原則，②教育・リテラシーの原則，③プライバシー確保の原則，④セキュリティ確保の原則，⑤公正競争確保の原則，⑥公平性，説明責任及び透明性の原則，⑦イノベーションの原則である。

参考文献

Barnard, C. I. (1938), *The Functions of the Executive*, Harvard University Press.（山本安次郎・田杉競・飯野春樹訳『経営者の役割』ダイヤモンド社，1968 年。）

Simon, H. A. (1977), *The New Science of Management Decision*, revised edition, Prentice-Hall.（稲葉元吉・倉井武夫共訳『意思決定の科学』産業能率大学出版部，1979 年。）

Simon, H. A. (1981), *The Science of the Artificial*, Second Edition, The M.I.T. Press.（稲葉元吉・吉原英樹訳『新版システムの科学』パーソナルメディア社，1987 年。）

Simon, H. A. (1996), *Models of My Life*, Massachusetts Institute of Technology.（安西祐一郎・安西徳子訳『学者人生のモデル』岩波書店，1998 年。）

情報通信政策研究所 (2019)，『AI ネットワーク社会推進会議 報告書 2019』総務省。

武谷三男 (1968)，『弁証法の諸問題（武谷三男著作集 1)』勁草書房。

貫隆夫 (1982)，『管理技術論』中央経済社。

原拓志・宮尾学編 (2017)，『技術経営』中央経済社。

馬場克三（1957），『個別資本と経営技術』有斐閣。

宗像正幸（1976），「〈学会展望〉工業経営学と技術論」『国民経済雑誌』第 133 巻第 4 号，78-104 頁。

宗像正幸（1989），「技術の意義の変遷と技術の基本的対象構造について」『国民経済雑誌』第 159 巻第 4 号，29-56 頁。

藻利重隆（1973），『経営学の基礎（新訂版）』森山書店。

森谷正規（1998），『文明の技術史観——アジア展開の可能性——』中公新書。

2　19世紀前半期イギリスにおける
機械の効果と影響
——バベッジ，ユア，及びミルの所説——

村　田　和　博

Ⅰ．はじめに

　「新産業構造ビジョン　中間整理」（2016 年）の中で，AI（artificial intelligence）を含む第四次産業革命により，国内の雇用が 735 万人減少すると指摘されたことは記憶に強く残った。AI は我々の生活スタイルだけでなく，企業の経営スタイルをも大きく変えそうである。ところで，本稿で考察する 19 世紀前半期は第一次産業革命に該当し，「機械による生産の到来を告げ」（Schwab 2016, p. 7, 翻訳書，18 頁）はしたが，AI はまだ社会に登場していない。しかし，当時のイギリスは，技術革新が人々の生活だけでなく，企業経営にも大きな影響を与えた時期であり，AI 化が進む現代の状況に似ている。学史家にとって，「人工知能技術の発展が社会に，とりわけ労働に及ぼすインパクトについて考える際に，どのような知的道具立てをすでに持っているかを点検してみる」（稲葉 2019, 3 頁）ことは重要であろうし，第四次産業革命の課題を知る手がかりになる可能性もあろう。

　第一次産業革命期のイギリスでは優れた機械が発明され，機械化が漸次的に進行した。機械が設置された工場は大規模化していき，オウエン（Robert Owen）は，1815 年のニュー・ラナークで 1,600 人から 1,700 人の労働者を雇用していた。工場で働く労働者たちは，労働の自律性の高い家内工業とは違う労働環境に置かれることになった。また，工場の労働条件に対する不満と機械に仕事を奪われることへの疑念から労働運動が発生し，ときにはラ

ダイト運動のような暴力的な形で現れた。このような労働環境の変化が生じる中にあって，19世紀前半期イギリスで活躍した多くの識者たちが，機械が経営，労働，さらに社会に及ぼす影響に関心を持った。そこで，本稿では，バベッジ（Charles Babbage），ユア（Andrew Ure），及びミル（John Stuart Mill）を取り上げ，機械の効果と影響に関する彼らの主張を明らかにしたい。そして，彼らの主張から，AI化が進む今後の社会において注視すべき論点を展望したい。

Ⅱ．機械の改良と導入を発生させる要因

　機械の効果と影響について論じる前に，機械の改良と導入を発生させる要因として，分業，労働運動，及び市場競争について説明したい。

　第一に，分業が機械の発明と改良を生むという点である。スミス（Adam Smith）は分業の利益として，①労働者の技能向上，②作業を変更するときに発生する無駄な時間の減少，③機械の発明と改良，の三点を指摘していた。バベッジとミルはスミスの三つの分業の利益を基本的には継承している。分業下で働く労働者が機械の発明と改良を行うのであれば，労働者が従事する単一プロセスのイノベーションが分業から生まれることになる。したがって，この叙述内容から，二つ以上の生産工程を一つの生産工程に統合しうるようなイノベーションの発生を説明することは難しい（Langlois and Robertson 1995, p. 37, 翻訳書，66-67頁）。スミスは，この疑問に対して，機械の製作者，学者（philosophers），思索者（men of speculation）が「全くかけ離れて異なったものの力を組み合わせることができる」（Smith 1776, p. 21, 翻訳書［1］，33頁）と考え，彼らが複数のプロセスにわたるイノベーションを遂行すると理解した。一方，バベッジは，様々な技術を一つの機械に統合するような高度な発明については，機械に関する広範な知識と製図の能力が必須で，事前に職業的教育を受けることが有用であると考えた。だが，人々はこれらの素養を昔よりは持つようになったし，考案，製図，製作の技術も他の職業と同様に分業を導入することによって，その能力を高めることができる。バベッジは「新たに機械を組み合わせる能力は多くの人々が

共通して持っており，それが必要とする才能は決して高い水準ではない」
(Babbage 1832, p. 186) と考え，複数のプロセスにわたるイノベーションの
主体を専門家から現場労働者に近づけた。

　第二に，労働運動が労働節約的な機械の導入を促進するという点である。
労働運動に関して，バベッジは，「労働者間のストライキの結果，機械に対
してしばしば行われる改良は，期間の長短はあれ，そのような諸改良を生じ
させたその階級にとって有害」(Babbage 1832, p. 206) だと述べる。ユアも
また，ストライキなど雇主の利益を害するような労働者の行為が機械化を促
進すると考える。なぜならば，ストライキが発生すれば，雇主は急激な機械
化を進めて彼らを工場から排除しようとするからである。また，ストライキ
はストライキの発生しない別の場所へ工場を移転させる。工場の移転は国内
だけにとどまらず国外にも及ぶ。その影響は施設の移転にとどまらない。ス
トライキの期間に工場が麻痺することで優秀な労働者は海外に移り，自国の
技術を海外に移転させるからである。工場の移転や労働者の移動は技術の移
転も伴うので，強力なライバルを移転先で育成することになる。

　第三に，市場競争による価格と利潤の低下が機械の改良と導入を進めると
いう点である。バベッジは，「価格の低下から被る利潤の低下により，製造
業者の発明の才がますます刺激されるであろうことも確かである。つまり，
彼は彼の使用する原材料について，他のより安価な供給先を見つけること
に力を注いだり，その原材料をより安価に製造するであろうような機械の改
良を考案することに努めたり，原材料の節約をより完全にするであろうよう
な新しい配置を彼の工場に導入しようと試みたりするであろう」(Babbage
1832, p. 164) と述べている。ミルもまた，「生産者や商人たちは，競争の直
接的刺激から解放されると，彼らの最終的な金銭的利益の指示に無関心にな
る。また，最も有望な見込みを選ぶことなく，安易に現在の決まりきった仕
事に固執するようになる」(Mill 1848, p. 928, 翻訳書［五］, 268 頁) と述べ
て，競争が人々に改良を促すと考えた。さらに，ユアも市場競争によって生
み出される試練を職人から奪い取ってしまえば，大きな改良を望むことはで
きないと述べている。

Ⅲ. 機械の効果と特別の利潤

　機械の効果については，バベッジの説明が詳しい。そこで，バベッジに依拠しながら，機械の効果を確かめたい。バベッジは『機械と製造業に関する経済』（Babbage 1832）において，機械の効果として以下の点を指摘している。

　第一に，力の増大，力の伝達，力の蓄積，及び作業速度の調整である。動力としての風力，水力，蒸気力の活用，梃子や滑車のような力の伝達，銃弾の発射にみられるような力の蓄積，に機械は用いられている。また，機械の速度を安定させる調速機を導入すれば，機械の効力と耐用期間を増大させることができる。第二に，労力の軽減である。この典型的な事例は蒸気機関で，人力から蒸気力へ移行することにより労力が軽減された。機械は肉体的労働だけでなく知的労働も軽減する。第三に，原材料の節約である。印刷に関して，インクボールを用いた旧式のインク活字からローラーを用いた印刷機への移行により，インクの消費量が減少した。第四に，作業の質の向上である。例えば，筆記から木版印刷または銅版印刷への移行により精密な印刷が可能になった。第五に，作業の記録である。作業を記録する機械の導入により，労働者の怠慢や不正を防止できる。例えば，運搬車のホイールに回転数を記録する器具を取り付ければ，運搬車の移動距離を確認することができ，労働者の怠慢を防止できる。第六に，技術の習得が容易になることである。例えば，円錐形のきせ金具の中にはめ込まれたダイヤモンドを使ってガラスを切る作業の技術の習得に7年間の徒弟期間を要していたが，工具が改良された結果，初心者でもガラスを切断することができるようになった。そして，最後に，作業時間の短縮または作業量の増加である。例えば，木の根を燃料にするために切り分けるときに，楔は鉈よりも，また火薬は楔よりも短時間で作業を終えることができる。

　バベッジ以外に目を向ければ，ミルは道具と機械の発明と使用の利益として，道具と機械を用いなければできない作業があること，仕事の完成度を引き上げること，労働の節約，原材料の節約を指摘している。ただし，ミ

ルは，これら利益についてはバベッジが詳述しているので，『経済学原理』
(Mill 1848) の中で繰り返し述べる必要はないとしている。また，ユアは，
以下の三点を機械の効果として指摘している。第一に，機械の改良が行われ
なかったならば全く製作できなかった商品を製作できるようになる。例え
ば，アークライト (Richard Arkwright) の紡績機は以前にはできなかった
高い品質の糸の紡績を可能にした。第二に，機械の改良は時間，労力，作業
の質は同じままで，以前よりも多くの作業量を労働者に行わせうる。第三
に，機械の改良は熟練労働者または大人の労働者を不熟練労働者または子ど
もと婦人の労働者へ代替させる。これら三つの効果から，機械の改良は商品
の品質の向上と生産費の低下に寄与する。このように，機械の効果として，
品質の向上と生産費の低下があり，生産費の低下は原材料と労働の節約から
生じることが指摘されている。

　以上のように，機械化には生産費を低下させる効果がある。したがって，
自社は，他社が持たない優れた機械を導入することができれば，他社よりも
相対的に低い生産費を実現でき，通常の利潤以上の利潤を得ることができる
はずだ。ミルは，またスミスも低い生産費から得られる超過利潤のことを
「特別の利潤」または「特別の利得」と呼んだ。また，バベッジは「特別の
利潤」や「特別の利得」という言葉こそ使っていないが，生産者は低い生産
費を実現できることにより，通常よりも大きな利潤が得られることを指摘し
ている。

　特別の利潤をミルに依拠し説明したい。古典派経済学者たちにとって周知
だった差額地代論に基づけば，肥沃な土地には，最劣等の土地における生産
費との差額の地代が発生する。特別の利潤は地代発生の原理を農業以外の産
業に適用したものである。このアプローチはバーニー (Jay B. Barney) に
よって用いられているが (Barney 1997, p. 153, 翻訳書，239 頁)，古典派経
済学の中で，すでに特別の利潤の発生を説明する際に用いられている。つま
り，肥沃な土地を所有する地主は通常の利潤を超える部分を地代として得る
ことができるのと同様に，低い生産費で生産できる方法を排他的に保有する
資本家は，通常の利潤を超える特別の利潤を得ることができるということで
ある。

　例えば，ミルは，「ある生産者や商人が優れた事業上の才能を持っていることにより獲得する特別の利得も，全く同様の種類に属するものである。…中略…。彼は，彼の商品の価値が高い費用によって決定されているにもかかわらず，その商品を低い費用で市場に提供できることだけから特別の利得を手に入れる」（Mill 1848, p. 495, 翻訳書［三］, 92頁）と述べている。ミルは特別の利潤を生み出す要因として，「免税」，「個人の肉体的または知的優越」，「特別な工程」，「大きな資本」，「特許」，及び「優れた事業上の才能」などをあげているが，優れた機械も特別の利潤を生む要因として理解している。

　ただし，この特別の利潤について付言すべき点がある。それは，バベッジとミルは，さらにいえばスミスも，特別な生産工程を持つことから得られる短期的な特別の利潤を容認していることである。彼らは優れた生産工程が社会的に広く普及し，社会全体がその利益の恩恵を受けることを重視している。ただし，発明と改良から個人的な利益が得られないのであれば，発明と改良に対するインセンティブが低下し，発明と改良が促進しない。そのため，特許などにより，短期間についてだけ技術の独占的利用を認めるというものであって，短期間の独占的利用が終わった後には，発明と改良は社会全体で広く利用されるべきだと考えている。彼らは技術の長期的独占に対しては批判的である。

Ⅳ．機械が労働に与える影響

　すでに上述したが，機械の効果として労働の節約が指摘されていた。したがって，機械化が労働需要を減少させれば，労働者階級にとって不利益になる可能性があることになる。19世紀前半期イギリスで活躍した多くの経済学者たちは，この点にも関心を持った。

　オウエンは，機械が労働需要を減少させて，労働者階級の貧困を生む危険を説いた。オウエンによれば労働者の窮乏の原因として，急速な機械の導入があった。戦時中に発生した特需に対応するためにイギリスの工場では機械化が急速に進んだが，戦争が終結したときには，その機械の生産力に相応す

る1億人の成人労働者を超えるに等しい生産力をイギリスは保有することに
なった。ところが，戦争の終結により特需がなくなったために供給過剰が発
生した。そのとき人間の労働よりも安価な機械が生産手段として選ばれたこ
とから労働需要が減少し，失業や賃金低下が発生したのだ。現況に対する
このような理解に基づき，オウエンは以下の三つの展望を示す。すなわち，
①機械の使用を大きく減らす，②機械をそのまま存続させて何百万人もの労
働者を餓死させる，③失業者と貧困者に有利な雇用先を見つけるとともに機
械を彼らに奉仕させる手段として用いる，の三つである。労働者の生活水準
の向上を目指すオウエンにとって，これら三つの展望のうちの「機械をそ
のまま存続させて何百万人もの労働者を餓死させる」は論外であったが，
また同時に，工場経営に実際に携わった者として，機械を活用しなければ国
際的な市場競争に太刀打ちできないことも自明のことであったから，「機械
の使用を大きく減らす」は国を破滅へと導くしかない。したがって，彼に
とってのあるべき展望は，「失業者と貧困者に有利な雇用先を見つけるとと
もに機械を彼らに奉仕させる手段として用いる」(Owen 1817, pp. 143-145,
翻訳書，73-76頁）であり，『ラナーク州への報告』(Owen 1820) で記され
る「全ての人々が科学的生産力の増大から得られる諸利益を共に享受する制
度」(Owen 1820, p. 289, 翻訳書，8頁）を作り出すことであった。雇用を確
保した上で機械を労働に役立つように用いれば，苦しい肉体的労働が愉快で
楽しい仕事に変わり，さらに知的発展にとって不可欠な閑暇が人々に与えら
れるはずであった。

　機械化は短期的には労働需要を減少させるが，長期的には労働需要は回
復するという主張もあった。バベッジの主張がこれに該当する。バベッジ
は「機械の使用は，最初は労働者を仕事から排除する傾向を持つが，商品の
価格低下の結果として生じる需要の増加がすぐにその労働のかなりの部分を
吸収する」(Babbage 1832, p. 231) と述べ，機械化→商品価格の低下→商品
需要の増加→労働需要の増加という論理で長期的には労働需要が回復すると
みる。しかし，機械の導入により，必要になる職務内容が変わることが考え
られる。熟練を要する手作業から機械の操作への移行がその事例である。そ
うであれば，かつて従事していた職務が機械の導入により不要になる可能性

があることになる。むろん，バベッジもそのことに気づいており，「不幸に
も，古い仕事から追い出された人々の階級は，必ずしも新しい仕事に適する
とは限らない。結果的に，全ての労働が必要とされる前に，一定の時間が経
過しなければならない。このことが，労働者階級の中に大きな苦境を生み出
す」（Babbage 1832, p. 232）と述べている。しかし，労働者の苦境は，労働
者が新しい技術を身につけるまでの一定期間に発生するものであった。そし
て，この労働者の苦境の期間をできるだけ短くするためには，労働者に労働
需要の変化をできるだけ早く知らせて，職務変更のための準備期間を与える
ことが必要だった。また，この苦境を緩和させる方法として，貯蓄銀行，共
済組合による失業給付，さらに家族が多様な職種に就くことにより失業に対
するリスクを家族全体で減らすことをバベッジは提言している。

　ミルは，技術改良が労働者階級の雇用に与える影響について，固定資本と
流動資本を区別した上で主張を展開している。固定資本は建物，機械，道
具，土地の永久的改良に対する支出部分であり，一度の使用によって役割
を終えることはない。一方，流動資本は原材料と賃金に対する支出部分であ
り，一度使用されると資本としては存在しなくなる。これを技術改良が雇用
に与える影響として論じるならば，機械への投資が流動資本の減少を伴うか
が重要になる。むろん，流動資本の中の賃金に支出される部分が原材料に向
けられれば賃金は低下すると考えられるが，ミルは賃金から原材料への資本
転化は極めてまれにしか起こらないとしており，機械への投資が流動資本の
減少を伴うか否かに論点を絞っている。この点について，ミルは「機械を導
入することにより，あるいは永久的改良に資本を投資することにより，一集
合体としての労働諸階級が一時的に損害を受けるということはありえないと
主張する全ての試みは誤りであると私は考える。このような変化が生じる特
定の産業部門において労働者が損害を被るであろうということは一般的に
認められており，常識的にも明らかである」（Mill 1848, p. 96, 翻訳書［一］，
191-192頁）と述べ，労働者が一時的には損害を受ける可能性があることを
指摘している。だが，そのようなことがしばしば発生することはないとして
いる。というのも，急激な改良が行われた場合には，流動資本から固定資本
への資本の移動が生じるため雇用に悪影響を及ぼすが，多くの改良は徐々に

行われ，資本の増加分によって固定資本への投資が行われるとミルはみていたからである。したがって，生産の改良が流動資本を犠牲にして行われることは，実際にはほとんどないと理解されている。

　ユアは，機械化は熟練工の賃金を低下させるのではなく，増加させるとみている。ユアは機械の改良の効果として，以前よりも多くの作業量を労働者に行わせうることと，熟練労働者または大人の労働者を不熟練労働者または子どもの労働へ代替させることを指摘している。したがって，この二つの効果から判断すれば，機械の改良は熟練労働者または大人の賃金を低下させる傾向を持つと予想される。しかし，ユアは，機械の改良が熟練労働者または大人の賃金を低下させることはないと明言する。ユアはその理由として，以下の三点を示している。第一に，機械の改良に伴う生産力の増大により労働者が受け取る賃金単価は低下するが，その一方で作業量は増加するからである。敷衍すれば，賃金額は賃金単価×作業量として求められ，機械の改良により賃金単価は下がっても作業量が増加するために，賃金額は増加するという主張である。第二に，熟練工または大人の労働者から不熟練工または子どもと婦人の労働者への労働代替については，機械の改良が急激であれば熟練工または大人に対する労働需要は減少するが，実際には改良の速度はゆっくりである。一方，機械の改良は商品の価格を低下させて商品の需要を増加させるため，熟練工または大人の労働者に対する労働需要も増加する。この商品の価格低下による労働需要の増加が，機械の改良に伴う労働需要の減少分を相殺するという主張である。第三に，ユアは労働市場において供給過剰が発生しているときでも，雇主は労働者の注意力を維持するために，また労働者から信頼を得るために，利潤不足からやむをえず賃金の低下を余儀なくされるまで賃金を低下させることはないと述べている。以上のことから，機械の改良は労働者の賃金を増加させるとユアは理解する。

　また，ユアによれば，機械化された工場は労働条件と労働環境の点からも優れていた。賃金については，紡績工場で働く紡績工の賃金は農業労働者や手作業労働者よりも高く，彼らの賃金額を刑務所で必要な1週間当たりの生計費と比較すれば，紡績工の賃金で高い生活水準を保持できることがわかるとユアは主張する。労働環境については，工場では動力が機械を動かすため

に，工場労働には筋肉疲労が伴わない。工場の蒸気機関は休むことなく動き続けるが，労働者は簡単な操作をするだけで，しかも作業中に多くの小休止があり，労働者たちはその小休止の時間を読書に充てたりしている。また，工場の中にいる間は，風通しの良い施設の中で，夏の日差しと冬の寒気から遮られる。さらに，工場労働者たちは労働者用住居，食堂，医療，教育といった福利厚生を受けることができた。工場の労働環境と福利厚生は個人経営の小さな作業場よりも著しく良く，そのため工場労働者の発病率，死亡率，ならびに事故率は他業種や手工業の労働者よりも低かった。したがって，製造業は，「精神的な消耗と目の疲れを引き起こす微妙な調整や体をゆがめたり，すり減らしたりする苦しい骨折り労働の繰り返しから労働者たちを解放するのに役立つ」（Ure 1835, p. 8）と理解される。このように，工場は安定したかつ十分な賃金，労働の軽減，さらに健康的で快適な労働環境と生活環境を提供しているという認識から，ユアは「工場制大工業に讃歌を贈る」（北村 1998, 10頁）のであり，工場労働は低賃金で過酷であるという労働組合の主張は誤っていると主張するのである。一方，このような主張をするユアを「人類の抑圧者」（Fielden 1836, p. 56）と批判するフィールデン（John Fielden）のような論者がいたことも周知のことであろう。

　さらに，機械は熟練労働を不要にすることから，ユアは分業を懐疑的に捉えた。ユアは，スミスを「不朽の経済学の諸原理」を書いた人物として評価する一方で，「スミス博士の時代には有用だった一事例も，今となっては製造業の正しい原理について公衆を誤解させる危険を伴う」として批判している。ユアのスミス批判は，「分業，もっと適切な言い方をすれば異なった能力の持ち主に仕事を適合させることは，工場の雇用に際しほとんど考慮されていない」（Ure 1835, p. 19）という点に向けられている。ユアのスミス批判の主旨は，機械化により職務は機械の単なる見張りのように単純化するので熟練は不要になる。そのため，誰もが多くの種類の職務を担当できるようになるので，熟練や能力による労働者の配置は不要になるということである。したがって，ユアはバベッジの名前こそ記していないが，労働者の能力別配置を意味するバベッジ原理を批判していたことになる。

　ユアが主張する機械化による職務の単純化は，労働の人間性を否定するも

のとして批判されてきた。また，過度に単調な労働の繰り返しは労働者の集中力やモチベーションを低下させる恐れがある。この点に関するユアの主張はユニークである。つまり，機械化された工場の職務は確かに単純化するが，熟練を不要にするため，労働者は短時間の訓練で仕事を遂行できるようになる。そのため，労働異動が促進されるから（つまり職務が拡大するから），同じ作業を一生行う分業よりも，退屈や単調さを防止できるという主張である。

ただし，労働者は労働条件と労働環境の良い工場で働くためには，「好きな時に作業を中断できるという昔の特権を捨てなければならなかった」(Ure 1835, p. 3)。ユアは，労働者が工場労働に適応することが難しいことを知っていた。ユアは規則性の高い，また規律に縛られた労働に対する労働者の嫌悪をふまえた上で，労働者が労働条件と労働環境の整った工場で働くためには，規則正しく働く労働者へ変革しなければならないことを労働者に強く訴えたのである。

しかし，機械の動きに合わせた規則性の高い労働に懐疑的な者もいた。ミルは労働の自律性を重視した経済学者であった。ミルは18歳のときの1825年に行われた哲学的急進派と協同主義協会との間で行われた公開討論会において，規則や管理に縛られるオウエン主義に反対し，「行為の完全な自由を享受する喜びを否定する人はいないであろう」(Mill 1825, p. 319) と述べ，労働の自律性が労働の満足を与えることに人生の早い時期から着目していた。また，『経済学原理』の中でも，「不快で疲労の激しい仕事を多くの人々が楽しみとして自由に行える場合，この仕事はなぜこれらの人々にとって楽しみであるかといえば，それはこの仕事を自由に行ない，自らの都合で随意に作業を中断することができるからである」(Mill 1848, p. 213, 翻訳書［二］，39頁) と述べている。労働の自律性を重視するミルが，スミスの分業の利益の中の作業を変更するときに発生する無駄な時間の減少に対して，「庭師ほど頻繁に仕事や道具を変える労働者は少ないが，だからといって，彼は通常生き生きと仕事をすることができないだろうか」(Mill 1848, p. 126, 翻訳書［一］，242頁) と疑問を提示するのは当然であろう。

動機づけを考察する際に，行動が自律的か，それとも他者によって統制さ

れているかという区別は重要である（Deci and Flaste 1995, p. 2, 翻訳書，3頁）。人には行為を始める原因が外部ではなく自分の内部にあると感じる自己原因性（personal causation）の感覚がある。すなわち，自分で自律的に行動したい，あるいは自己決定をしたいという感覚が人にはあり，方法の選択などについて自律性を得るほど，やりがい，楽しさ，好奇心の追求などから得られる内発的動機づけは強くなる（Deci and Flaste 1995, pp. 30-31, 翻訳書，39-40頁）。ミルは，労働の自律性の重要さについて，いち早く気づいていたことになる。

Ⅴ．技術進歩と経済成長

　最後に，技術進歩と経済成長の関係について述べたい。古典派経済学者たちの多くは，利潤率は社会の進歩とともに低下する傾向にあると考えた。ミルの主張を手がかりに，この点を明らかにしたい。

　技術進歩が利潤率の低下に与える影響については，『経済学原理』第4編で詳細に検討されている。ミルは，資本，人口，技術水準の変化の組み合わせから社会の進歩を5分類して，利潤率の変化を検討している。第一に，人口だけが増加し，資本と生産技術が不変の場合である。ミルは賃金基金説の立場に立っているので，また賃金と利潤の相反関係を認めているので，人口だけが増加した場合には実質賃金が減少し，利潤率は上昇する。しかし，労働者が実質賃金の低下にもかかわらず食料で節約しなければ，労働の費用はさほど減少せず，利潤は大きく増加することはないか，全く増加することはない。第二に，資本だけが増加し，人口と技術が不変の場合である。この場合，実質賃金は増加するから，利潤率は低下する。第三に，人口と資本は均等に増加し，技術が不変の場合である。この場合，人口と資本は同じ割合で増加しているから実質賃金は変わらないが，人口が増加しているために食料需要が増加し（つまり劣等地耕作が進み），食料の生産費の増加から労働の費用が増加する。以上の三つの事例では，技術水準は不変と想定されており，技術水準不変の場合の資本と人口の増加の一般的帰結は，「資本と人口の増加傾向が，利潤を犠牲にして地代を増加させることは明らかであ

る」(Mill 1848, p. 723, 翻訳書［四］, 44-45 頁) とする。残りの二つの事例では, 技術進歩が想定されている。第四に, 資本と人口は不変で, 技術が進歩する場合である。そして, 第五に, 資本, 人口, 技術の全てが増加する場合である。技術の進歩は賃金財の価格を低下させるため, 利潤率を増加させる作用を持つ。一方, 人口と資本の増加は利潤率を低下させる作用を持つから, 利潤率の増減は賃金財に対する改良の速度と人口と資本の増加の速度との関係によって決まる。ミルはこの二つの関係について, 「ワット, アークライト, 及び同時代の人々が機械の大発明を行って以来, 労働に対する収益はおそらく人口と同じ速さで増加したであろう。…中略…。しかしながら, 改良はある一定期間内では実際の人口増加と歩調を合わせることができ, あるいはこれを凌駕することもできるけれども, 決して可能な人口の増加率に及びうるものではない」(Mill 1848, pp. 189-190, 翻訳書［一］, 354 頁) と述べる。ミルによれば, 生産の改良は将来においても期待できるけれども, それにより人口増加の余地ができると人類は人口を増加させる傾向にある。したがって, 生産の改良は利潤率の低下を一時的に緩和するにすぎない。

利潤率は長期的に低下傾向にあるため, やがて資本蓄積を止める利潤率に達する可能性が高い。ミルはこの資本蓄積を止める利潤率を「最低限の利潤率 (minimum rate of profits)」と呼んでいる。ミルによれば, すでに大量の資本を持ち, かつ肥沃な土地を耕作し尽くした富裕な国においては, 「その利潤率がいつも最低限の利潤率といわば紙一重のところにあること, したがって, その国はまさにかの停止状態 (stationary state) に陥ろうとしていることが, その特徴の一つになっている」(Mill 1848, p. 738, 翻訳書［四］, 74 頁)。イギリスのような富裕な国では, 資本蓄積が止まる (経済成長が止まる) 停止状態の到来は遠い将来ではなかったのである。

多くの人々は, 経済成長が止まる状況を悲観視するだろう。だが, ミルは違っていた。ミルは, 経済成長が幸福でない人口をただ増加させるだけであれば, また, 経済成長により環境が破壊されるのであれば, 「彼らが必要に強いられて停止状態に入るはるか前に, 自ら進んで停止状態に入ることを」後世の人々に望むと述べているからである。ミルにとって, 停止状態は決して暗い社会を意味するものではなかった。というのも, 停止状態において

は，生産技術の改良は「富の増大という目的に奉仕するのをやめて，労働時間を短縮するという正当な効果を生むようになる」からである（Mill 1848, p. 756, 翻訳書［四］, 108-109頁）。そして，労働時間の減少すなわち余暇時間の増大は人々に思索や議論の時間を与えるから，人類は知的に向上できるはずである。この人類の知的向上は，労働者階級が資本家からの指導を離れ，自ら出資し，経営にも参加するアソシエーション（association）を実現するための基盤でもあった。

Ⅵ.　むすび

　19世紀前半期のイギリスでは，機械化により，人々は商品の品質の向上と価格の低下や重労働からの解放といった利益を享受する一方で，労働に関わる様々な不安に直面することになった。その問題の一つが機械化による失業または賃金低下であり，労働者はそれに対する不安から，ラダイト運動のような激しい労働運動を行うこともあった。AI化が進む現代において，人々は生活の利便性の向上（例えば，車の自動運転）や労働の軽減を期待するとともに，一方では，AIに仕事を奪われるのではという不安に駆られる。19世紀前半期イギリスと同じような社会状況を看取できる。

　バベッジ，ユア，及びミルの言説から，AI化が進む今後の社会において注視すべき以下の論点を見いだせよう。①機械化は余暇を増大させるのか。ミルは停止状態にあっても，機械化による生産効率の増大は余暇を増大させることで人類の幸福に寄与できるとした。AIは我々の労働時間を減らし，我々の余暇時間を増大させるだろうか。②AIは労働の自律性を増大させるのか。AIが単純労働や肉体労働を遂行するようになれば，人々はそれらから解放され，より思索的な労働へシフトできるかもしれない。少なくとも，将来において望まれる働き方は，ユアが主張するような単純で自律性の低い職務の遂行ではないように思える。③19世紀前半期のイギリスの識者の多くは，機械化に伴う失業に関心を持った。将来の社会において，AIは人々から仕事を奪うのだろうか。少なくとも，バベッジのいうように，必要とされる仕事は変わるだろうから，我々はその変化に備える必要があろう。④古

典派経済学者の多くは技術の長期的な独占を批判し，社会的活用を説いた。AIの時代において，その利益はAIを所有する少数の人々ではなく，社会全体で享受されるのだろうか。

参考文献

Babbage, C. (1832), *On the Economy of Machinery and Manufactures*, reprinted in *The Works of Charles Babbage*, Vol. 8, W. Pickering.

Barney, J. B. (1997), *Gaining and Sustaining Competitive Advantage*, Prantice Hall. (岡田正人訳『企業戦略論【上】基本編――競争優位の構築と持続――』ダイヤモンド社，2003年。)

Deci, E. and Flaste, R. (1995), *Why We Do What We Do*, Penguin Books. (桜井茂男訳『人を伸ばす力――内発と自律のすすめ――』新曜社，1999年。)

Fielden, J. (1836), *The Curse of the Factory System*, Frank Cass.

Langlois, R. N. and Robertson, P. L. (1995), *Firms, Markets and Economic Change: A Dynamic Theory of Business Institutions*, Routledge. (谷口和弘訳『企業制度の理論――ケイパビリティ・取引費用・組織境界――』NTT出版，2004年。)

Mill, J. S. (1825), "Cooperation: Closing Speech," reprinted in *Collected Works of John Stuart Mill*, Vol. XXVI, University of Toronto Press.

Mill, J. S. (1848), *Principles of Political Economy, with Some of Their Applications to Social Philosophy, reprinted in Collected Works of John Stuart Mill*, Vol. II・III, University of Toronto Press. (末永茂喜訳『経済学原理』岩波書店，1959年。)

Owen, R. (1817), "Report to the Committee of the Association for the Relief of the Manufacturing and Labouring Poor, Referred to the Committee of the House of Commons on the Poor Laws," reprinted in *Selected Works of Robert Owen*, Vol. 1, William Pickering. (渡辺義晴訳「貧民労働者救済委員会への報告」『社会変革と教育』明治図書出版株式会社，1963年。)

Owen, R. (1820), *Report to the County of Lanark, reprinted in Selected Works of Robert Owen*, Vol. 1, William Pickering. (永井義雄・鈴木幹久訳『ラナーク州への報告』未来社，1970年。)

Schwab, K. (2016), *The Fourth Industrial Revolution*, Currency. (世界経済フォーラム訳『第四次産業革命――ダボス会議が予測する未来――』日本経済新聞社，2016年。)

Smith, A. (1776), *An Inquiry into the Nature and Causes of the Wealth of Nations, reprinted in The Glasgow Edition of the Works and Correspondence of Adam Smith*, Liberty Fund. (水田洋監訳／杉山忠平訳『国富論』岩波書店，2000-2001年。)

Ure, A. (1835), *The Philosophy of Manufactures: Or, an Exposition of the Scientific, Moral, and Commercial Economy of the Factory System of Great Britain*, Frank Cass & Co. Ltd.

稲葉振一郎 (2019)，『AI時代の労働の哲学』講談社。

北村健之助 (1998)，『経営経済学』学文社。

3 技術概念・技術観の変遷とその意義
——AI時代を見据えて——

宗 像 正 幸

Ⅰ. 技術事象の基本的意義

人間社会で「技術」という用語が古くから用いられてきた背景には，人間の目的意識的実践が，有機的自然の特性に規定され不確実で，成果が必ずしも保証されない，という事態がある。技術事象の根底には，この実践的行為の不確実性減少・回避志向，実践成果の確実性保証への志向がある。「技術」は人間の実践的行為をその確実性の側面から把握するときに意識され，技術の基本的意義は実践的行為の確実性維持に求められる（宗像1989, 100-106頁）。

こうした意義を持つ技術事象は，ある特定の条件のもとでの実践の確実性を保証する「基礎的技術」，変化する環境のもとで実践の成果を保証する「技術的応用」，実践上の失敗と成功の蓄積のうちに新たな実践を見出す「技術的創造」の3局面からなり，人間行為のどの領域にもある。だが最も基礎な領域は人間が自然へ働きかける物的生産領域で，無限定で技術という場合，対自然技術を指す場合が多い。それは，モノを対象とするほうが人間を対象とする場合より反応が相対的に一定し行為の確実性が高く技術性が高い事情による。技術事象は人間行為の確実性と関わるので，一度技術の様式が確立し安定性が定着すると，次第に社会の与件，常識となり，人間の意識の底部に沈殿していく傾向がある。そのため技術が社会の注目を引くのは，概して技術の内容に変動が起こるときで，「技術」は「技術進歩」，「技術革新」，「技術破綻」など主にその動態で把握され話題にされる傾向がある（宗像1989, 111-114頁）。

II. 技術概念・技術観の変遷と展開

1. 技芸としての技術

　人類史の大半において，「技術」は直接人間の手と身体，そしてその延長としての道具，によって営まれた。この段階での「技術」は，一般に「技芸 (techne, art, Kunst)」といわれる。それは古代以来近世に至るまで各種職業集団を与件に，その指導者，主要実行者である「技芸家 (artist, Kuenstler)」を中心に営まれ，その機能は総合的属人的で，当該生産物を産出・供給するに必要な理念と一切の知識，能力，構想力から，材料，道具の調達，加工の知識，能力，工人を教育し，組織，指導する能力などを含む。古代社会では，「技芸家」は典型的には祭祀，政治，戦争用の用具，構築物形成を，主に血縁的氏族的集団で担い，永遠の生命を象徴する精神性と機能，作品の品質と永続性が重視された。商品経済が形成される「中世」以降，「技芸」は主にギルド組織の親方の，職人，徒弟との社会的階梯と協業による単純商品生産で実現する。その理念は世俗化するが，商品需要の限界と関係するギルドの量質規制も加わり，生産の量より質を重視する体制は維持される (Lenk and Moser 1973, S. 44-52；宗像 1989, 117-126頁)。

2. 近代的技術観

　近代資本主義体制が生起し近代工業が台頭すると，「技芸」は物的生産の主役から後退し，伝統的製作，芸術，政治・文化・管理など社会の上層で存続し，その知識，経験の体系は「技術論 (Kunstlehre)」となる。近代工業生産に対応して，近代的な「技術 (technology, Technik)」と「技術学 (tchnology, Technologie)」の概念，観念が生成・発展する (宗像 1989, 127-140頁)。

　(1) 近代技術観の形成：マルクスとカップ

　近代技術の特性を探り，近代資本制生産体制の特質解明のテコとして活用した先駆者はマルクスである。その主著にはその基本的性格が，「技芸 (Kunst)」(Marx 1969, S. 382, 402, 529) と区別される近代的な「技

術（Technik）」，「技術学（Technologie）」で示される。それは資本の「労働過程（der Arbeitsprozess）」分析と関わる「分業とマニュファクチュア」，「機械と大工業」に見られる。「技術」の明確な概念規定はないが，その「基礎」，「法則」，「性格」，「変化」，「必然」，「構成」などが，主に「技術的（technisch）」と形容詞句で言及される（Marx 1969, S. 328, 358-360, 366, 380-381, 394, 396, 400, 427, 510-511, 640）。マニュファクチュアの「技術的基礎（technische Basis, Grundlage）」には，手工業の工場内分業に特有の「部分労働」の組織が指摘され（Marx 1969, S. 359-360），「倍数の法則」による労働規模拡大の「技術的必然（technische Notwendigkeit）」が指摘される（Marx 1969, S. 380-381）。機械制大工業の「技術的基礎」は機械・化学装置・その他の近代的方法にあり，労働過程の技術的性質の変化は，物的手段要因の労働投入への比率としての「技術的構成」で把握される（S. 640）。機械制大工業では自然諸力による人間力の代替，自然科学の意識的適用による経験的熟達の代替が進行し，「生産の物質的存在様式」が定立する。機械に規定される労働の共同的性格の増大，労働過程の協業的性格，生産有機体の客観化が技術的必然となる（Marx 1969, S. 407）。「近代技術学（die modene Technologie）」は自然への人間の能動的態度を意味し，自然科学の意識的・計画的な応用，多様な生産用具とその運動形態の少数の基本形態への体系化を含む（Marx 1969, S. 392-393, 510）。技術の発展を批判的歴史的に考察する「技術学の批判的歴史（kritische Geschichte der Technologie）」が「種々特殊な形態をとる社会的組織の物資的基礎の形成史」として構想される（Marx 1969, S. 392-393）。

　こうしてマルクスでは「技術」は概して「分業と機械化を基礎とする労働過程編成の基本パターン」，また「技術学」は，経験的基礎から客観化，物質化への移行過程での知識体系，で把握される。後者では実践経験の知識化・体系化と，自然科学認識の目的意識的な適用の二側面が捉えられ「近代的技術」把握の基礎視点が示される[1]。

　カップは技術（Technik）を人工物で把握する近代的・現代的技術観に立ってその「本質」を追求し，「技術の哲学（Philosophie der Technik）」を提唱する（Kapp 1877）。人工物の普遍的意味を人間の自己認識と人間器官

のモノへの投影としての文化現象で見る一種の文化人類学的接近が試みられる（Kapp 1877, S. 5-6, 28）。

技術的客体は人間有機体の「器官（Organ）」と関連して把握され，「技術」（Tdchnik）の意義は，種々の人工物は，人間有機体の各分肢・器官の機能の人工物への移転を意味する「器官投影（Organprojektion）」の概念で統一的に把握される。人工メカニズムの人間の身体の有機的模範による形成，逆に人工物の機能・構造による人間有機体の構造・機能の再認識という双方向理解が，技術形成を可能にする原理になる（Kapp 1877, S. v-vi, 27）。

技術の原点は，人間の器官（Organ）である手と腕の「道具」としての利用にあり，その延長で「道具」形成が始まる（Kapp 1877, S. 40-41）。そこで製作中の道具と人間有機体の機能関係の制御との適合が進行し，手工業者の「道具」から，芸術，科学，計量の器具，レンズなどあらゆる文化的手段（das Culturmittel）が生みだされる（Kapp 1877, S. 26-27, 83）。「近代技術」では「器官投影」の外部化が進み，橋脚などの物的施設，機械類，電信装置におよぶ（Kapp 1877, S. 133-134）。一般的な機械技術（Machinentechnik）の基礎は，ルローの機械動学（Reulaux 1875；宗像1989, 175-180頁）に求められ，要素対偶（Elenmentenpaar）の概念にもとづく機械把握が参照され（Kapp 1877, S. 175-177），電気通信装置では人間の神経系統と電気通信技術の機能，伝達経路の類似性が指摘される（Kapp 1877, S. 139-142）。

カップは，技術を人工物に把握する「近代技術」の基本視点をとりつつ，自然の秩序との関係ではなく，「技芸」の母胎である人間有機体の機能・構造から把握する。そこには，技芸から近代技術への移行期の技術観の反映と，近代技術を包摂する「技術哲学」の起点がある（宗像1989, 129-130頁[2]）。

(2) 20世紀における近代的技術概念の展開

20世紀になると普及・拡大する「近代技術」に対応し概念形成も活性化する。この動きに直接反応するのは，技術創造，技術開発の直接の推進母体となる近代自然科学，応用自然科学分野で，技術の意義は概して「応用自然科学」，「自然科学の応用」に求められる（Bunge 1966, pp. 329-347）。この

視点に立つ「技術哲学」では，技術の「意義は「技術的創造」としての「発明」で捉える傾向が生じる。その代表例では技術の「本質」は，自然に潜む合自然法則的な可能性から人間目的に合致する解決形態を発見，実現する人間努力とその自由拡大に求められている（Dessauer 1956, S. 182-183；宗像1989, 174-200 頁）。

　他方技術事象の社会科学視点からの把握のこの時機の拠点はドイツ歴史派経済学で，その代表者はゾムバルトとゴットルである。

　ゾムバルトは，技術（Technik）を一般に目的に対する手段，方法の体系と見るが，狭義の技術は「目的達成のための物的手段，物的対象からなるすべての手段，そのすべての適用」と物的技術で把握し，この「器具技術」を生産技術とする。その際技術の基礎を，人間に内在する，材料・諸力・自然過程の利用可能性についての知識，能力という自然科学的要因を含ませて概念拡大を図り，「具体的技術」のみならず「潜在的技術」をも考察に入れる（Sombart 1911, S. 307-309；宗像 1989, 149-15 頁[3])。

　このようにしてゾムバルトは，経済による技術の包摂という基本視点は維持しつつ，そこに技術の一定の自律性を認める「技術的経済（technische Oekonomik）」の視点に立つ。近代技術を近代科学との同一性の視点で捉え，その生産過程を曖昧な，経験的要因を排除した「科学的過程」として描く。近代技術の具体的特徴は，マルクスにある「労働手段」の視点よりは，むしろ原料の有機的基礎から無機的基礎への転換に重点をおいて把握する。

　ゴットルは，経済による技術支配を強調する「経済的技術（Wirtschaftstechnik）」の視点，しかもその行為主体の視点から「近代技術」の特性を描く。ゴットルは「目的のための行為の仕方」という「技術的なもの（das Technische）」の理解は人間行為の外形化にすぎず，本来の意味での「技術（Technik）」はこれを超越する質にあるとする。それは人間行為に「成果を保証する」という使命と，そのための「正しい手段選択」という能力にある。技術は「個人技術（Individualtecnik）」，「社会技術（Sozialtechnik）」「知的技術（Intellektualtechniki）」，自然支配的「物的技術（Realtechnik）」に分類されるが，その核心は「物的技術」にある。技術は主体的意味と客体的意味に分けられ，前者では知識を基礎として正しい

手段を選択する能力，後者ではそのための方式，補助手段の総体が意味される。「自然技術」では「自然を支配する諸行為のための方式と補助手段の浄化された総体」として両面の統一で把握される。そこで「正しい手段選択」の能力は一種の「技芸（Kunst）」と表現されるが，それは単なる経験，熟練ではなく，正確な知識に媒介に確保される選択能力であり，明確な知識の総体を把握し，多様な行為の可能性をを認識する「悟性」と，その中から最良のものを選択する「理性」からなり，その行使が技術の最高の「理性原則」となる（Gottl 1923, S. 205-206）。

　ゴットルの規定は外見上は技術の一般規定に見えるが，その内容は明確な歴史性，近代性を表現している。「技術の主体」は，近世以前の「技芸者」，単なる行為の実行者ではなく，悟性，理性を備え，客観的体系的な悟性とその合理的な選択能力をもつ人間が予定されている。それは端的には工科系高等機関で教育を受けた「近代技術者」であり，「社会技術」分野では人文・社会科学の教育を受けた「管理者」と解される。その選択基準をゴットルは「経済」の本来的意味である「生活困窮（Lebensnot）」に根ざす「手段の相対的最小の費消」を志向する「費消節約原理」に求める。それは通常「経済原則」とされるが，直接的には「経済」でなく「技術」に内在する「技術的理性の最高原則」を意味する（Gottl 1923, S. 207-211）。ゴットルにおける技術の主体は，ゾムバルトが視野に入れる「潜在的技術（者）」ではなく，現実の経済組織でコスト節約に献身する経済的な「技術者」（および「管理者」）である。そこには「技術的応用」局面の経済的選択行為に重点を置く近代的技術観が示されている（宗像 1999, 163-164 頁）。

　これらの近代的技術概念は，わが国の生成期の経営学に影響を与え，その内容の具体的展開の梃子となった[4]。またマルクスの議論はその後唯物史観にたつわが国の社会科学者にも影響を与え，「労働手段体系」説，「意識的適用説」なる技術概念・構想のもとで，はげしい概念論争も展開され，その影響は経営学に及んだ（中村 1975；嶋 1977；宗像 1989, 157-175, 200-218 頁）。前者の視点からは産業・生産過程・構造の批判的分析が展開し（上林 1947；岡 1955；中村 1975），後者の視点では「技術革新」や「管理技術」の分析が進む（星野 1948, 1958/1969；片岡 1973, 260-286 頁）。

Ⅲ．20世紀以降の産業・技術発展と経営学における技術観の展開

1．近代的技術観と経営学

　20世紀以来の産業技術発展は，大量生産方式の展開・普及，機械化，自動化，オートメーション化が基軸になる。制御革新をともなうFAの展開，コンピュータ技術の飛躍的発展とITへの展化，インターネット，ウェブの社会浸透を進める情報産業の発達・巨大化が進み，それを支えるエネルギー基盤の石炭から石油，原子力への転換，地球環境問題の生起があり，経営学はそうした動向に対応して発展する（宗像 2013, 50-65頁）。その主要動向は「近代技術」の諸概念・観念が示す近代合理性精神の経営への浸透にある。

　第2次大戦後は英米系管理・組織論でも伝統的に存在した，認識対象から「管理（management）」と区別される「技術（technology）」を排除する伝統は徐々に薄れ，「技術」の組織・管理との関係の分析が始まる（Woodward 1965, 翻訳書, 1-36頁）。それは「条件適応理論」へと展開し，自動化の経営学的分析，特に生産性と革新性のジレンマ議論（Abernathy 1978）は「テクノロジーと革新のマネジメント」へと展開する。近年の「アクターネットワーク理論」，「技術の社会的構成」，「技術の社会的形成」など社会学の動向にも，近代的技術観に沿い技術の経験対象をモノないし人工物（artifact）においた上で，そこで生じる属性を「物質性（materiality）」の社会との多様な関係で社会現象として把握する傾向が生じる（Bijker et al. eds. 1987；Orlikowski 1992, pp. 398-427；Latour 2005；Mackenzie and Majcman eds. 1985；Leonardi et al. eds. 2012；原 2007, 37-57頁；原 2019, 11-29頁）。

　また欧米の工業経営，工場管理の分野では，最近の重要文献でも近代的技術観を基礎とする「迅速，改善，コスト・カット」の理念，米台中連携に至る「工場の巨大化」の論理が貫徹している（Roser 2017；Freeman 2018）。

2. 近代的技術観の修正傾向

(1) 「暗黙知」論

　他方でこうした近代技術観に現実との乖離をみて，その修正を図る議論も生起，発展してくる。その原型は，「科学の応用」としての近代技術観に対する批判で，ポラニーの「暗黙知」議論にその嚆矢がある。そこでは技術の創造が客観的法則と規則の認識から導出されるというテーゼが批判され，科学・技術の創造過程を客観的言語では把握しえない個人体験と結びつける「暗黙知 (tacit knowledge)」次元の認識の意義が示唆される。「近代合理性」観の背後にある，「感性」と「悟性」・「理性」の分離志向の問題性が指摘され，技術的実践における「機械的原理」と「有機的原理」の並立が展望される (Polanyi 1966/1983, p. 20, 45, 翻訳書, 38–39, 69–73 頁)。

　「暗黙知」論とかかわる論議は，経営学では製造現場の管理問題に現れる。例えば高度に自動制御化された原子力発電所の事故原因との関連で「機械論的処理」の欠陥が指摘される。完全自動化工場の制御室での，作業規則に明記されず計器にも表れない経験と直感での問題箇所の把握と迅速な対応処置の重要性が，福島事故以前のスリーマイル島事故 (1979) の教訓とされる。熟練労働者の経験知，技術者の専門的理論知とともに，現場作業者のプロセス状態を計器より直感で把握する暗黙知 (tacit knowing) が必要で，この三形態の知識統一が不可欠とされる (Hirschhorn 1984, p. 163, 169)。

(2) 「日本的（型）システム」論

　機械化工業の生産実践の見直しの動きは，1970 年代後半以降の日本の量産型産業の高実績からの示唆にもある。それは「日本的製造技法 (Japanese manufacturing techniques)」から「リーン生産 (lean production)」論に至る議論に見られる (Schonberger 1982；Womack et al. 1990)。アメリカ型「マス・プロダクション」に対する日本の生産現場の競争優位性が，管理基準の「ほどほど」から「完璧」への移行，そのための「チーム組織」形成，生産現場を巻き込む人的資源の有機的動員に求められる。ここにも機械原理と有機原理の並立志向が現れている。この両原理の並立を内容とする「日本型生産システム」（宗像 1996, 63-841 頁）の含意のマネジメント論的表現は，日本企業の創造性の要因を，人的資源の潜在的資源である暗黙知の有効

利用，その形式知との意識的相互作用の効果を主張する「知識創造企業・経営」論に見られる（野中 1990；野中・竹内 1996）。また製造業の産業構成，企業内生産体制の設計デザインなどの類型化で，「モジュラー（組合せ）」型VS「インテグラル（擦合せ）」型を対置する「生産アーキテクチャ」論（藤本 2004）にも見られる。こうした認識は生産システム発展軌道多様化の議論へと展開する（宗像 1998）。

(3) モノごとの文化の多様性

近代技術観への修正志向は，ゾムバルトの原料基盤の有機的材料から無機的材料への転換，木材から鉄への転換命題（Sombart 1927, S. 97-100）の普遍妥当性への疑問としても現れる。このテーゼへの疑問は，技術の維持・発達にもつ木材の意義を強調するマンフォードにすでにある（Mumford 1934/2010, pp. 77-80, 233, 翻訳書, 103-105, 287 頁）が，近年では日本の工業化の，英米中などとの比較研究を通じて積極的な展開がある。日本の近代化，工業化が短期間で成功した要因に，英米とは対照的な近代化と伝統的木材文化との親和性，国内森林・木材資源の維持，高度な木工技術・技能の，近代化，機械化への活用，動員効果が指摘される（Clansey 2007, pp. 123-141；Radkau 2012, pp. 261-281, 翻訳書, 297-311 頁；Totman 1989, 翻訳書 1998）。こうした基本認識は，古典時代以来「文明（civilization）」を森林・木材資源の浪費を代償に実現する傾向が強いラテン系諸国，英米（Perlin 1989/2005, 翻訳書 1994），中国（Elvin 2004）と対照的に，森林資源との共生による工業化を志向し，現在も高い工業水準を維持するドイツ系諸国とも一定の類似性をもつ（Sieferle 1982；Radkau 2008, 2012）。この問題圏の要因摘出と解析は，「西欧近代（western modernity）」の合理志向の修正志向（Toulmin 1990, pp. 30-35, 104-105, 185-190；宗像 1999, 166-167 頁）と結びつき，自然環境と親和的な生産システムの模索（Hawken et al. 1999；中瀬・田口 2019, 等）ともつながる。

Ⅳ．AIをめぐる議論の展開

物的生産領域での技術展開に対し，精神的領域でのコンピュータ技術展開

の今日的特徴は AI（Artificial Intelligence）にある。AI の議論は機械による人間の思考代替をめぐり，生成期の個別的科学計算の可能性から特定エキスパート機能問題の代替処理問題を経て，21 世紀の今日，膨大なデータの超高速データ処理能力を与件に，「深層学習」など「機械学習」の飛躍的進歩を通じ，より一般的な人間の機能の機械への移行の現実性が問われる第3次ブームへと進んでいる（松尾 2016, 124-125, 147, 173 頁；古明地・長谷 2018；Collins 2018, pp. 1-3）。以下 AI の意義と展望について主要な見解を概観し若干の検討と展望に向かう。

1．肯定的見解

　AI に何ができるか，それをどう評価するかについては，当初より意見が分かれている。評価の根底には，この機械を人間有機体とおなじ平面で見るか否かの判断で，重要な標識は人間と同様の「思考」ができるか，にある。AI の開発・推進を主体的に推進する自然科学系に多い思考は，「機械学習」の「判断」を，「人間の脳の活動，思考・認識・記憶・感情は，すべてコンピュータで実現できる」，「なぜなら，人間の脳は電気回路と同じ」とする「強い AI」の立場で，コンピュータが電気回路で行う，パターン認識の統計学的処理を，人間の思考と同種，少なくとも一種の「知能」とみて，両者の接近を展望する見地である（松尾 2016, 39-41, 56, 192-193 頁）。この立場が更に強くなると，「特異点（the Singularity）」の主張となる（Kurzweil 2005）になる。ここでは「ロボット工学」と結合した「強い AI」が「身体性」をもち，「ナノテクノロジー」と「遺伝子工学」とが融合し人間の知性を上回るコンピュータ時代到来が予測される（Kurzweil 2005, 翻訳書 2007）。その予測では，人間の脳のスキャン能力の発展によるリバース・エンジニアリングの伸張，脳の解読と AI への応用力の向上で，人間知能のソフト，ハード面での完全な模倣が進み，2020 年代末までに，コンピュータ言語のチューリングテストへの合格が見通され，人間と機械の知能が結合し両者の区別がつかなくなる状態がくる（Kurzweil 2005, pp. 25-26, 翻訳書, 39-40 頁）。その進化のカギは，人間の「心」，「意識」，「学習」と「進化」を生む人間の脳の基本構造・機能とコンピュータ機能との相互関係の再確

認で，人間頭脳の新皮質にある階層的組織での再帰的な思考力と AI の「深層学習」など認識進化との近接が強調される（Kurzwell 2012, pp. 2-3, 7-8, 179-198）。

2．批判的見解

こうした楽観論に対しコンピュータの本来的肉体性の欠如から，その限界を指摘するのがドレフェス〔兄弟〕である。そこでは人間の「エキスパート」に至るスキル習得過程が，究極のスキルを無意識で執行できる次元まで描かれる。そして「論理マシン」としてのコンピュータのディレンマは，誰でも容易な初歩段階では人間以上の能力を発揮するのに，肝心の上級段階で適応できなくなる点にある。コンピュータは人間より正確に予定通りの動作ができるが，人間のはるかに重要な能力は，ものごとを認知，統合，直感する能力でそれは AI の計算的推理とは無縁である（Dreyfus and Dreyfus 1986/1988, pp. 21-31, 66, 翻訳書 1987, 45-58, 105-109 頁）。人間の頭脳は有機体として，AI が想定するデジタル信号処理機以上に複雑で多様な構造と機能をもって他の人間身体とも結合している。人間の行動は暗黙知獲得のように脳の知的活動と相互作用で発達する。肉体を持たない機械は人間に匹敵する存在にはなりえない（Dreyfus 1992, pp. 160-162, 252-25, 304, 翻訳書, 278-284, 430-436, 517 頁）。

この基本批判を踏まえ，コリンズは社会学の見地から AI の社会的定着性に問題の焦点を当てる（Collins 2018, p. 57）。AI は「人工的虚構知能（artifictional intelligence）」と表現され，その論拠付けに，「機械と人間に何ができるか？」に基準を提供する「行為形態」論（Collins and Kusch 1998）と，暗黙知概念を身体性，社会性両面から体系的に整除する「暗黙知類型」論（Collins 2010）[5] が展開される。それを踏まえた本論（Collins 2018）では，AI が「深層学習」の進展で本来の「人工知能」に移行する可能性が検討される。AI で決定的な問題は自然言語の流暢さと理解力に象徴される社会的能力の獲得にあり，それは観察と統計分析による知識とは異質な，社会への定着を可能にする社会的感受性で得られる（Collins 2018, pp. 58-59, 64）。この間の類似形態の識別に有効なのが「行為形態」論で示され

る意識的人間行為の，社会コンテキストにそって多様な対応可能な「多義的行為（polimorphic action：PA）と，状況と行為との特定の関係しかとれない「一元的行為（mimeomorphic action：MA）」の区別である（Collins and Kusch 1998, pp. 31-54）。人間はこの両者（PA/MA）が可能だが，そこには見分けにくい事例がある。AI の進化に決定的なのは，PA で表現される，人間関係の集団性・社会性のなかへの AI の定着にあるとする（Collins 2018, pp. 66-68）。

　その可能性の検討を彼は，カーツワイルのいう人間頭脳を模した「階層化された組織セット」を通じて試みている。そこでは自然的データの導入を起点に「深層学習」を介し，段々と高次の認識に進み最上層部で「社会的知識」が形成される基本的にはボトムアップの知識形成モデルが示さる。そしてそこへの「社会的知識」のトップダウン的な過程介入により自然科学系と社会科学系認識の調和の可能性を導くモデルが示される（Collins 2018, p. 106）。とくに強調されるのは，このモデルが，個人（頭脳）の孤立したモデルではなく，多数の頭脳が連結する「社会的」モデルを想定する点で，この連携を通じて社会の定在する多様な社会的知識が外に開かれた窓口から水平的に取り込まれ，「頭脳」の新皮質に定着する仕組みが付加される（Collins 2018, pp. 131-135）。コリンズは，人間が社会生活で蓄積する多様な経験が反映可能なこのモデルを「調整モデル（modulated model）」と特徴づけ，そこに両科学の認識の調和問題解明の糸口があると主張している（Collins 2018, pp. 136-137, 168-171）。

Ｖ．技術概念・構想展開のインプリケーション

１．AI の技術観へのインパクト

　以上見てきたように，技術の意義は属人的，総合的な「技芸」から発し，近代に至り人間機能を部分的に代替する機械に象徴される客観的，客体的対象に移行し，AI 時代といわれる現代に至り，カップが展望した人間有機体の「器官投影」の精神領域での徹底ともいえる，有機的な人間の心情の技術代替までが議論になるに至っている。この可能性をめぐる問題を如何に考

え，対処するかは，現代人にとり避けて通れない根本問題になっている。

2．AIと自然・社会科学との関係

　AIは高次で広範な自然科学的方法を駆使する応用分野であるが，その処理対象と目的には膨大な社会現象のデータ処理と認識，応用を含み，自然科学と社会科学，さらには人文科学が絡み，科学分野の相互作用，接合・統合が問われる領域となっている。システム形成の主導は自然科学側にあり，データの大量性から処理には数学的統計的方法がとられ，社会性が前面に出にくい特徴がある。データ資源の基盤はウェブとともに急成長し，いまや雲たなびく「クラウド（cloud）」で集約され，出所の不明なデータの無批判的利用も目立ち，何らかの社会的チェックのシステム組込みが急務となっている。

3．AIと頭脳

　この問題と議論の根底，AI評価の原点には，「人工」の「頭脳」を，人間の「頭脳」と「同一」ないし「同等」と見るべきか否か，大量の数学的パターンで処理され，把握される社会データの帰結を，再帰的なものを含め，人間の社会的思考と同一と見ていいのか，という問題がある。自然科学者は分析・把握する単位を細かく分割すると，人間頭脳内のシナプスの流れの処理と実質同じになり，人間の「思考」「認識」と等価と見る傾向が強い。人社系では有機体で身体の一部である頭脳には，数的論理的処理だけでなく，未解明域を含むより多様な層，構成があり，言葉の意味，人間の認識を単なるパターン認識とみる態度を否定する傾向が強い。この問題は「自然科学と社会科学の統一問題」（宗像 1989, 246-249頁）とも関係するが，現行のAIに判断のすべてを委ねる志向には，個別科学認識の質，深さのもつ意義の軽視がある。コリンズのAIの同一平面上のデータ合成次元での「調整」の試みも，この限界を免れず，「行為形態」「暗黙知類型」の吟味も外面的で不徹底に終わっている。「統一問題」の形式的処理ではなく内実的問題の内省，その視点での「暗黙知」概念の一層の吟味が，問題自体の認識深化のために問われている。

4．AI の社会的作用の二面性

　問題の深刻さは，AI の社会的影響の二面性とも関わっている。AI の発展で人間の知能のより多くの領域が技術化される。だが「技術の宿命」でそれは社会の「常識」「与件」となり社会の関心から外れる傾向が生まれる。それは人間知性の進歩ではあるが，その劣化の契機にもなる。AI による技術化は「暗黙知」への関心とその解剖・開拓機運を強めるが，本来的に技術化が難しい文化領域では無視され社会の知性の低下を招く恐れもある。AI 翻訳の進化は国際交流に役立つが，国際文化理解の深化に貢献するかは疑問である。AI の発展とともに，人体と技術の関係が再び近接し分子構造に至る科学的解析によって身体のコピー化が進み，ロボット化による人間の労働労苦からの解放の可能性が拡大する。しかしそれは人間機能の安易で形式的代替を誘発し，人間性の社会的，精神的肉体的・感性的劣化，退廃の危険を生む。

5．技術・AI 評価とモノづくり文化の多様性

　産業と技術の「脱近代（post modern）」志向，特に機械化志向と並立する有機的志向の再認識傾向にはこうした危険の感知と是正の動きがある。伝統的に「木の文化」を維持し近代志向と有機的志向の結合を実践してきたのは，英米中，あるいは伊仏などとは異なる文化志向をもつ独日である[6]。両国のモノづくりと技術の歴史的展開過程の要因と軌道の再検証，他の文化圏の実践との注意深い比較検討からは，AI 時代以降の社会と産業展望への更なる示唆が得られよう（宗像・坂本・貫編 2000；宗像 2013, 62-63 頁）。

6．技術・AI 批判の基本的視点

　AI の健全な発展には健全な「技術批判」の精神が必要である。19 世紀のマルクスは「批判的技術史」の意義を説いたが，それが本当に必要になるのはその再評価の気運が強まる 21 世紀の今ではないか（Vgl., Saito 2016）。批判精神の醸成で心すべきは，人工世界の外にあってわれらの生命と心を育む「森羅万象」（実重 1996/2019）の世界の営みへの慈しみと共感，およびそれに鼓舞されるわれらの不断の知性向上の努力であり，その際特に留意すべき

は，その判断の基準となる「理性（reason）」が人間性とかかわる「道理性（the reasonable）」と「合理性（the rational）」の統一からなる（Toulmin 2001, p. 15, 155），という事態への内省であろう。

注

1）　マルクスは"Kunst"と"Technik"の用語を区別して利用しており，Forkelの英訳も"art"と"technology"と区別して訳出している。だがわが国の高畠訳，長谷部訳はこの点を区別せず，共に「技術」と訳している。この処理態度はマルクスの技術把握の正確な理解上問題があり，注意が必要である（Vgl., Marx, *Das Kapital*, I2, 1967/1969, S. 382, 456；Fowkes trsl. *Capital*, 1970/1996, p. 482, 高畠訳『資本論Ⅰ』, 342, 417頁；長谷部訳『資本論　1部下』598頁，699頁）。

2）　技術の人間有機体との近接性を強調するその技術観は，機械化が進展する前世紀に軽視される傾向にあったが，近年のAIでコンピュータの人間の脳内構造と機能との近接性が注目を集るにつれ再認識が進んでいる（Kapp 1877/2015；Maye and Scholz, Einleitung, a.a.O., S. V-XLIV, Literaturverzeichnes, XLV-L；Kapp, translated by Wole 2018）。

3）　ゾムバルトはこの視点から近代技術の特質を，形式的には「方法の科学化」に求め，生産過程を「自然法則に従い進行する小宇宙」と見る点に，また実質的には「有機的自然よりの独立」を志向する「新しい途」に求め，原料の有機的資源から無機的資源への転換を重視している（Sombart 1928, S. 78-80, 97-103, 翻訳書，78-81, 164-175頁）。

4）　中西寅雄（1931）『経営経済学』日本評論社（Marx, Gottl, Sombart），宮田喜代蔵（1931）『経営原理』春陽堂（Gottl），馬場敬治（1933）『技術と経済』日本評論社，（1936）『技術と社会』日本評論社（Marx, Kapp, Dessauer, Sombart, Gottl），古林喜楽（1936）『経営労務論』東洋出版社（Sombart, Gottl）。

5）　「暗黙知」類型論では，「暗黙知」として議論されている意義内容が身体的なものと，社会的に区別して整理されており，身体的なものは主に人間行動の速度限界との関係で処理可能とし，考察の重点は暗黙知の社会的類型においている。そこでは野中らの「マネジメント」論的「暗黙知」論にも関説し，それは本来の意義からそれた，隠れているが一寸した努力で明示化できる知識を対象とし，自ら設定した場以外では適用できない議論だとしている（Collins 2010, pp. 142-144）

6）　モノづくりの文化の識別では，モノづくりの基本単位の形態・様式とともに，「丁寧さ」に表されるその社会的地位の評価の差異を重視し，自然的側面では木の加工伝統の有無，金属処理での鍛造・鋳造への態度，量産の粗放性の有無等，社会的側面では人間間の信頼性の程度，共同体的・階級的関係の強度等に注目している。

参考文献

Abernathy, W. J. (1978), *The Productivity Dilemma*, Johns Hopkins Univ. Press.

Bijker, E. et al. (eds.) (1987), *Social Construction of Technological Systems*, The MIT Press.

Bunge, M. (1966), "Technology as Applied Science," *Technology and Culture*, 7, pp. 329-347.

Bunge, M. (2006), *Earthquake Nation*, Univ. of California Press.

Clansey, G. (2007), "Seeing the Timber for the Forest: the Wood in Japanese Capitalism," Bankoff, G., Boomgaad, P. (eds.), *A History of Natural Resources in Asia*, Palgrave Macmilian.

Collins, H. and Kusch M. (1998), *The Shapes of Actions: What Humans and Machines Can Do*,

MIT.

Collins, H. (2010), *Tacit and Explicit Knowledge*, Univ. of Chicago Press.

Collins, H. (2018), *Artifictional Intelligence*, Polity Press.

Dessauer, F. (1956), *Streit um die Technik*, Frankfurt a.M., 2. Aufl. 1958.

Dreyfus, H. L. and Dreyfus, S. E. (1986/1988), *Mind over Machine*, The Free Press. (椋田直子訳『純粋人工知能批判：コンピュータは思考を獲得できるか』アスキー，1987年。)

Dreyfus, H. L. (1979), *What Computer Can't Do*, Harper & Row Publishers.

Dreyfus, H. L. (1992/1999), *What Computers Stil Can't Do*, MIT Press. (黒崎政男・村若修訳『コンピュータには何ができないか』産業図書，1992年。)

Elvin, M. (2004), *The Retreat of the Elephants: An Environmental History of China*, Yale Univ. Press.

Freeman, A. B. (2018), *Behemoth: A History of the Factory and the Making of the Modern World*, W.W.Norton Co.

Gottl-Ottlilienfeld, Fr. (1923), *Wirtschaft und Technik*, 2. Aufl. Tuebingen: Fordismus:, Jena 1926.

Hawkens, P., Lovind, A. and Lovins, A. H. (1999), *Natural Capitalism*, Earthscan Publications. (佐和隆光監訳『自然資本の経済』日本経済新聞社，2001年。)

Hirschhorn, L. (1984), *Beyond Mechanization*, The MIT Press.

Kapp, E. (1877/2015), *Grundlinien einer Phisolophie der Technik: Zur Entstehungsgeschichte der Cultur aus neuen Gesichtpunkten*, Braunschweig (Translated by Wolfe, L. K., *Elements of a Philosophy of Technology*, Univ. of Minesota Press, 2018.)

Kurzweil, R. (1999), *The Age of Spiritual Machines*, Viking Penguin. (田中三彦・田中茂彦訳『スピリチュアル・マシン：コンピュータに魂が宿るとき』翔泳社，2001年

Kurzweil, R. (2005), *The Singularity is Near*, Penguin Books. (井上健監訳『ポストヒューマン誕生』NHK出版，2007年；NHK編『シンギュラリティは近い』NHK出版，2016年。)

Kurzweil, R. (2012), *How to Create a Mind*, Viking.

Latiur, B. (2005), *Reassembling the Socal: An Introduction of Actor-Network-Theory*, Oxford Univ. Press.

Lenk, H./Moserr, S. Hrsg. (1973), *Techne, Technik, Technologie*, Pullach bei Muenchen.

Leonardi, P. L. et al. (eds.) (2012), *Materiality and Organizing*, Oxford Univ. Press.

Marx, K. (1969), *Das Kapital I* 1867, Diez Verlag Belin (Translated by Fowkes, B., *Capital I*, Penguin Books, 1976/1990). (高畠素之訳『資本論 第1巻第1冊』改造社，1927年；長谷部文雄訳『資本論 第1部（上・下）』青木書店，1954/1964年。)

Mackenzie, D and Wajcman, J. (eds.) (1985), *The Social Shaping of Technology*, Open Univ. Press, 2nd ed., 1999.

Mumford, L. (1934/2010), *Technic & Civilization*, Univ. of Chicago Press.（生田力訳『技術と文明』美術出版社，1972年。)

Orlikowski, W. (1992), "The Duality of Technology: Rethinking the Concepr of Technology in Organizations," *Organization Science*, Vol. 3, Nr. 3, August, pp. 397-427.

Perlin, J. (1989/2005), *A Forest Journey*, The Coutryman Press. (安田喜憲・鶴見精二訳『森と文明』晶文社，1994年。)

Polanyi, M. (1966), *The Tacit Dimension*, Peter Smith. (佐藤敬三訳『暗黙知の次元』紀伊国屋書店，1980年。)

Radkau, J. (2000), *Natur und Machte*, Muenchen. (海老根他訳『自然と権力』みすず書房，2012

年。）

Radkau, J. (2008/2012), *Technik in Deutdchland*, Frankfurt, NY; Holz, Muenchen. (山縣光晶訳『木材と文明』築地書館, 2013 年。)

Reuleaux, F. (1875), *Theoretische Kinematik: Grundzuege einer Theorie des Machinenwesens*, Braunschweig.

Roser, Ch. (2017), *"Faster, Better, Cheaper," in the History of Manufracturing*, CrC Press.

Saito, K. (2016), *Natur gegen Kapital*, Frankfurt a. M. (齋藤幸平『大洪水の前に』堀之内出版, 2019 年。)

Sombart, W. (1911), "Technik unf Kultur," *Archiv fuer Sozialwissenschaft und Sozial Politik*, Bd. 33, Heft 2

Sombart, W. (1927), *Der Moderne Kapitalismus*, Bd. 3, Muenchen/Leopzog. (梶山力訳『高度資本主義 1』有斐閣, 1940 年；ヴェー・ゾムバルト／阿閉吉男訳『技術論』科学主義工業社, 1941 年。)

Schonberger, R. J. (1982), *Japanese Manufacturing Techniques*, The Free Press.

Sejnowski, T. J. (2018), *The Deep Learning Revolution*, MIT Press. (銅谷賢治監訳『ディープラーニング革命』NEWTON Pr., 2019 年。)

Sieferle, R. P. (1982), *Der unterirdische Wald: Energiekrise und Industrielle Revolution*, Muenchen.

Totman, C. (1989), *Green Archiperago: Forestry in Preindustriak Japan*, Univ. of California Press.

Toulmin, S. (1990), *Cosmopolis: The Hidden Agenda of Modernity*, NY: The Free Press. (藤村龍雄・新井克子訳『近代とは何か』法政大学出版会, 2001 年。)

Toulmin, S. (2001), *Return to Reason*, Harvard Univ. Press. (藤村龍雄訳『理性への回帰』法政大学出版局, 2009 年。)

Womack, J. R. et al. (eds.) (1990), *The Machine that Changed the World*, Maxwell Macmillan International. (沢田博訳『リーン生産方式が, 世界の自動車産業をこう変える。』経済界, 1990 年。)

Woodward, J. (1965), *Industrial Organization: Theory and Practice*, Oxford Univ. (矢島欽次「はじめに解題ありき」矢島欽次・中村寿雄訳『新しい企業組織』日本能率協会, 1979 年, 1-36 頁。)

相川春喜 (1933),「技術及びテクノロギーの概念」『唯物論研究』8, 58-75 頁。

相川春喜 (1942),『技術論入門』三笠書房。

岡邦雄 (1934),「労働手段の体制と技術」『唯物論研究』15, 15-23 頁。

岡邦雄 (1955),『新しい技術論』春秋社 (飯田賢一編, こぶし文庫, 1996 年)。

片岡信之 (1973),『経営経済学の基礎理論：唯物史観と経営経済学』千倉書房。

上林貞治郎 (1947),『技術及び労働力の理論』伊藤書店。

上林貞治郎 (1951),『生産技術論』三笠書房。

古明地正俊・長谷川明 (2018),『人工知能大全』SBCreative。

実重重実 (1996),『森羅万象の旅』地湧社。

嶋啓 (1977),『技術論論争』ミネルヴァ書房。

武谷三男 (1946),「技術論」『弁証法の諸問題』勁草書房, 1968 年, 125-141 頁。

武谷三男 (1947),『科学と技術の課題』三一書房。

中瀬哲史・田口直樹 (2019),『統合型生産システムと地域創生』文眞堂。

中村静治 (1960),『技術の経済学』三一書房。

中村静治 (1975), 『技術論論争史 (上・下)』 青木書店。

野中郁次郎 (1990), 『知識創造の経営』 日本経済新聞社。

野中郁次郎・竹内弘高 (1996), 『知識創造企業』 東洋経済新報社。

原拓志 (2007), 「研究アプローチとしての「技術の社会的形成」」『年報 科学・技術・社会』 16, 37-57 頁。

原拓志 (2019), 「MAIS アプローチ：技術の社会的形成から社会現象の過程分析へ」『国民経済雑誌』 217/3, 3 月, 11-29 頁。

星野芳郎 (1948), 『技術論ノート』 真善美社。

星野芳郎 (1958), 『技術革新の根本問題』 勁草書房 (2 版, 1969 年)。

藤本隆宏 (2004), 『日本のもの造り哲学』 日本経済新聞社。

松尾豊 (2016), 『人工知能は人間を超えるか：ディープラーニングの先にあるもの』 Kadokawa。

宗像正幸 (1989), 『技術の理論：現代工業経営問題への技術論的接近』 同文舘出版。

宗像正幸 (1996), 「『日本型生産システム』論議考」『国民経済雑誌』 174/1, 7 月, 63-84 頁。

宗像正幸 (1998), 「生産システムの発展軌道をめぐって」『国民経済雑誌』 178/2, 2 月, 1-24 頁。

宗像正幸 (1999), 「『近代的』技術観とその克服志向ついて」『龍谷大学 経営学論集』 39/1, 6 月, 160-174 頁。

宗像正幸 (2013), 「産業経営論議の百年」経営学史学会編『経営学の貢献と反省 (経営学史学会年報 第 20 輯)』文眞堂, 50-65 頁。

宗像正幸・坂本清・貫隆夫編 (2000), 『現代生産システム論』 ミネルヴァ書房。

4　AI技術と組織インテリジェンスの追求
——バーナード理論，サイモン理論から AI 時代の経営学へ——

桑　田　耕太郎

I．はじめに

　本稿の目的は，バーナード（C. I. Barnard）の組織および経営概念と，組織論研究者であるとともに AI（Artificial Intelligence）の創始者の一人であるサイモン（H. A. Simon）の学説を，経営学史の観点から相対化することを通じて，AI という科学技術の発展と，組織インテリジェンス（Organizational Intelligence）の追求の関係を議論することにある。

　本論文では，技術を協働体系を経営する技術に限定して検討する。技術はその内実があまりに多様であり，AI は論理的な検討を加えるには定義が曖昧すぎるからである。バーナードの理論（Barnard 1938）と，サイモンの組織理論『経営行動』（Simon 1947）と AI に関する研究（Newell and Simon 1972；Simon 1977）では，それぞれの歴史的背景や技術観が異なっている。AI という点では，両者に全く共通点はない。それは彼らが生き，見ることができた時代が，全く異なるからである。ところが技術という視点から見ると，両者は組織を協働体系を経営する技術ないし手段・道具としてとらえている側面がある一方で，バーナードが組織を単なる技術を超えた存在としてとらえている。バーナードとサイモンの経営理論におけるこうした共通点と差異にこそ，AI 時代の経営学における組織インテリジェンスに対して決定的に重要なインプリケーションを見いだすことができる。

1．バーナード理論とサイモン理論における技術と AI
　バーナード（1986〜1951）とサイモン（1916〜2001）は 30 歳の差があ

り，彼らが生きた時代は，第1次世界大戦（1914～1918），世界大恐慌（1929～1930年代半ば），第2次世界大戦（1939～1945）といった激動の時期を挟んで，ほとんど全く異なっている。

バーナードが『経営者の役割』を著した1938年（58歳）であるが，彼がこの主著を執筆するまでに経験した世界には，まだ最初の近代的コンピュータと言われるENIAC（1946年）すらこの世に存在しなかった。青年期のバーナードが見た世界には，19世紀の後半から登場した，製造作業を細分化・標準化し，できるだけ専用機械の助けを借り，互換性部品を利用し大量の規格化製品を生産するアメリカ式大量生産方式である（Myer and Post 1981）。基本的に複雑な全体作業は，技術的な論理にしたがって，そこに比較的単純な規則性や反復性が見出されるレベルにまで分解される。テイラーが『科学的管理法の原理』を出版したのは1911年であり，ホーソン工場実験が行われたのは1925～1932年であった。電話事業ですら1930年のアメリカでの普及率は40％に満たなかった時代である。

一方のサイモンは，間違いなくAIの創始者の一人と考えられるが，1947年の『経営行動』が刊行された時点では，プログラム内蔵型コンピュータに出会っていなかった。サイモンは1954年に最初の商用メインフレーム・コンピュータIBM 701でプログラムの研究を始めた（Simon 1991）。その後1956年にはニューウェルとサイモンが，ジョージ・ポリアが提唱した「ヒューリスティック」（発見的探索法）に基づくプログラム「ロジック・セオリスト（Logic Theorist）」を開発した。1957年には手段－目的分析（means-ends analysis）」というサイバネティックス理論に基づくフィードバック技術を搭載した「General Problem Solver（GPS）」を公表した（Simon 1991）。

1960年4月21日にサイモンは「Management and Corporations 1985」と題されたカーネギー工科大学の産業経営大学院10周年シンポジウムで，"The Corporation: Will It be Managed by Machines?" という講演を行なった。この講演は，Simon（1977）に修正されて再録されており，AIが会社を経営できるという強い主張とともに，悪構造問題を解くコンピュータの能力がいずれ人間より高くなくなり，人間が「環境を複雑かつ知的に操作しう

る唯一の種」としてのアイデンティティは失われるとまで主張した（Simon 1977, 翻訳書, 50頁）。一方で古典的な比較優位論を根拠に, コンピュータは良構造問題の解決に比較優位をもち, 未来（1985年）には, 人間はコンピュータに対して相対的に比較優位を持つ悪構造問題か, 肉体的・生物的柔軟性比較を持つ内体労働に携わり, 人間の仕事がなくなるわけではないと主張した。

　近年, AIが人間の知能を超える特異点（シンギュラリティ）が近づいている, という指摘が注目を浴びている（e.g. Kurzweil 2005; 1999）。これらの指摘は, サイモン達の研究の延長線上に展開される議論であり, ハードウェアの発展によって加速されている。

2. 技術の概念について

　本稿では筆者は「技術（technology）」をartと区別して, ある目的を達成するために人工物をデザインする際に, 利用する手段に関する論理的知識の体系を意味する。技術は論理的ないし合理的な基礎に裏づけられ, しばしば物質的実体を伴って「装置」や「機械」「道具」に具象化される。技術それ自体もまた人工物であり, 意図的に合理的であろうとする私たち人間の行動, 言語, 記憶構造などもまた人工物である（Simon 1996）。

　技術は人工物のエンジニアリングに関わる実践的命令論理を含むため, 自然の記述とその摂理を解明する自然科学（science）としばしば対比される。ハイゼンベルグの指摘を待つまでもなく, 自然科学の対象は自然であるが, 自然科学そのものは, 人間が作った人工物である。したがって, 自然科学のための技術も存在する。人工物は, 決して自然法則に逆らっているわけではない。科学を応用して技術や設備が作られ, それが科学の発展を可能にするという意味で, 科学と技術の間には不可分かつダイナミック関係がある。

　人工物のデザインは人間の目的や意図, 環境とともに, デザインする人間の技術, 合理性の限界を反映する。技術も科学も人工物であるため, 人間の合理性の限界を反映している。

　企業は, 利潤を獲得するために人間が作った協働体系であり, いうまでもなく人工物である。企業という協働体系を実現するには, 物質的, 生物的,

心理的，社会的諸要因を一つの体系として利用する技術が必要である。そして，これらの諸要因を全体として総合するために，経営者が利用しうる最も重要な技術が組織にほかならない（Barnard 1938）。

　以下では，AIという技術で企業は経営できるとするサイモンの指摘を一つの契機として，技術と経営の関係について検討する。そのために第2節ではバーナードの『経営者の役割』を，第3節ではサイモンの『経営行動』とGPS（General Problem Solver）を中心にAIの特徴を取り上げ，それぞれの時代背景から受けた影響と技術観に言及する。その上で，組織インテリジェンスの向上に，AIの技術がどう貢献しうるか，AI時代の経営学の可能性について論じてみたい。

Ⅱ．バーナードにおける企業と経営の技術

1．バーナードが見た世界と「経営」の技術

　バーナードにより強い影響を与えた技術は，生産組織の技術的専門分化の側面よりも，第1次世界大戦を挟んで勃興した近代的大企業の登場と，それを可能にする専門管理者の職能・管理組織という技術の制度化である。19世紀末から製造業で起こった技術的専門化と水平統合による大きな生産能力を有効に活用するために，販売機能や調達機能の内部化を通じた垂直統合が行われ，機能別部門組織を持つ企業が登場してきた。さらに第1次世界大戦後には多角化が進展し始め，複数事業部制組織が登場してきた時代である。現業を管理するだけでなく，職能別の中間管理者と全般管理者の役割が重要になってきた時代である。

　この専門管理者の制度化には，ビジネススクールの登場と専門管理者の協会の設立が貢献した（Chandler 1977）。最初のビジネススクールは，1881年に設立されたペンシルバニア大学のウォートンスクールはであるが，カリキュラムには商業会計と商法しかなかった。これに対して，1908年に設立されたバーバード大学経営大学院では，これらの他に，鉄道経営，組織，財務，マーケティングなど，大規模複数事業部制企業の管理者の養成に応えるものになっている。また1915年に全国マーケティング協会が設立され

Journal of Marketing を刊行し始め，1929 年にアメリカ経営者協会（AMA）
が設立された。

　こうした経営の制度化が進む時代背景のもとで，バーナードは，それ以前
の工場レベルの作業を対象としていた経営学が，仕事の技術的分割から，
異なる利害を持つ人々の行動を共通目標のためにいかに全体として統合す
るか，組織化するかに強い関心を持った。経営の手段としての組織のきわ
めて脆弱な特性を補うのは，伝統的な機械によるエネルギーや動力の連結
ではなく，1930 年代のホワイトヘッド（A. N. Whitehead）やウィナー（N.
Winer）によって提唱された，情報の伝達によって制御される有機体システ
ムについての新しい思想だったのであろう。情報コミュニケーションをその
根幹においた組織の定義「2 人以上の人々の意識的に調整された諸活動・諸
力」は，こうして導かれたものである。

2．技術と arts としての経営：自己言及のパラドクスを克服する art

　バーナードは公式組織を「管理者の活動の本質的用具」（翻訳書，34
頁）すなわち技術として位置づけたが，このような概念化はラッセル（B.
Russell）のいう「バーバーパラドクス」として知られる論理的問題を生み
出す。管理者が企業（協働体系）を経営する手段ないし技術として活用する
組織に，自分自身の活動が要素として含まれるという，現代では「自己言及
（self-reference）」のパラドクスとして知られる問題である。

　バーナードが technology と art という用語を使い分けているのは，この
自己言及の論理学的パラドクスを解決するためにその区別が重要だからであ
る。翻訳書は共に「技術」という訳語を当てているため，この重要な差異は
見のがされがちだが，後述するサイモンの技術観との決定的な差異がある。
バーナードは，協働体系に統合される製品技術や機械設備などに具体化され
る技術や現業を管理する公式組織を technology とする。一方，組織目標を
決定し，コミュニケーションと協働意欲を確保する専門的管理職能を，協働
体系を全体として調和させる人工的な「executive arts」（訳書では「管理技
術」）として明確に区別したのである。

「一般的に，日々，arts を実践するために必要とされる実践的知識（practical knowledge）には，言葉で表せないものが多い―それはノーハウの問題である。これを行動的知識（behavioral knowledge）ということもできよう。それは具体的な情況（concrete situation）において仕事（doings things）をするのに必要である。それは executive arts におけるほど，これが必要なところは他にない。それは不断の習慣的経験（persistent habitual experience）によって会得できるのであり，しばしば直感的と呼ばれるものである」（Barnard 1938, p. 291, 翻訳書，304-305頁，一部著者修正）。

　経営者の行動は，組織人格にもとづく行為からなる公式組織の一部でありつつ，公式組織を協働体系を経営する technology（道具・技術）として利用する。バーナードが社会結合の専門化や非公式組織を重視するのは，組織の定義に環境が存在しないため，技術的かつ組織人格的な公式組織レベルの系では，論理的な自己言及のパラドクスを解決できないからである。生身の人間が実践を通じて，公式組織に不回避的に持ち込む個人人格，とりわけ道徳準則とか責任といった個人人格だけが，自己言及のパラドクスを解消することができる（桑田 2011）。こうした管理の過程に必要になるのは，科学的・論理的知識を洗練したその先にのみ到達できる，arts の域に達したとしてしか表現できない審美的な能力である。協働体系を経営する技術としての公式組織が直面する technology の限界を克服するには，実践を通じてしか学習することができない，非公式組織に裏付けられた executive arts が必要であると主張したのである。

Ⅲ．サイモンが見た世界と技術

1．サイモンの見た行動科学革命と『経営行動』

　1947 年に初版が出版されたサイモンの『経営行動』は，組織の研究者（watcher）とデザイナー（designer）のために，意思決定過程の概念と用語によって組織をデザインする技術を導こうとした実践的な研究である。彼

の博士論文に大きな影響を与えたのは，彼が学んだ1930年代のシカゴ大学における行動科学（behavioral science）革命とも言える動向であった。

　それ以前の行動主義（behaviorism）心理学は，人間行動の刺激－反応モデルを中心として，観察できない脳内の心象とか情報処理を認めなかった。これに対して，のちに認知革命とかAIと呼ばれることになる基礎となった初期の研究，例えばバートランド・ラッセル，アルフレッド・ホワイトヘッド『プリンキピア・マセマティカ（*Principia Mathematica*)』が1910年に出版され，ヴィットゲンシュタインが『論理哲学論考』(1921) を通じて記号論理学から一般言語への拡張可能性を指摘，その後チューリングが「コンピューテーション（演算理論）」に端緒をつけたのは1936年である。1930年代頃からフィードバックシステムを研究し，人間の神経伝達システムと機械通信システムとは理論的には識別が不可能であると論じたノーバート・ウィナーが『サイバネティックス』を著したのが1948年である。

　こうした諸研究は，行動科学の一大潮流として社会科学の方法論や概念を大きく変化させ，経験的データや統計学，数理モデルなどを応用し，自然科学的な命題を導くことが可能であると考えられた。サイモンは経営組織に関わる実践的（practical）命題と科学的（scientific）命題と差は，倫理的ないし価値的側面が含まれるか否かに過ぎないと主張する。したがってこうした行動科学による意思決定過程の理論を基礎におき，倫理的側面を排除することによって，経営の科学が，人工物のデザインの科学として可能になることを主張したのである。

2．行動科学革命から認知革命，AI（artificial intelligence）への展開

　行動科学が人間の脳の中の心象を研究対象にし始めると，研究の方向は脳内の認知革命へと大きく舵を切った。サイモン（Simon 1987）によれば，単なる計算機としてのコンピュータがAIに発展する契機となったのは，プログラム内蔵式（stored program）アーキテクチャーの登場にある。プログラムをデータと区別せずに内部メモリーに貯蔵することは，コンピュータが単なる数字を扱う機械ではなく，「呼び出す」「記録する」「加える」「掛ける」「比較する」「置き換える」「印刷する」などの操作を行う「動詞

(verb)」を，コンピュータ自らが扱うことを意味するからである。こうしてコンピュータは，物理的な実態を備えるシンボル操作マシンとして，人間の思考をシミュレートする装置となった。計算は，数字と数字の変換関係にとどまらず，シンボルをシンボルに対応させる関数として定義されることとなった。

　彼は人工知能（Artificial Intelligence）を，コンピュータにヒューリスティック・サーチを適用して，次のような問題を解くための技術として定義した。①数学的最適化手法が使えない。②数値化できない要素を含む。③大規模な知識ベースを持つ（自然言語による知識を含む）。④代替的選択肢の発見やデザインを含む。⑤悪構造の目標や制約条件にも適用できる。

　ヒューリスティックスは，明確な定義がされているわけではないが，サイモン流の表現をすれば，「If 問題がP ならば，then A を行え」というプロダクション・システムとして表現され，最適解を保証するわけではないが，（この時点では）満足できる成果を得ることができると期待される，そういった経験的知識である。一方で OR は，「実数で表現される複雑な問題を解くために最適化手法を適用する」と定義される。サイモンは，主にミドルマネジメントの問題を中心に扱ってきた MS-OR が，AI と組み合わされることで，悪構造で，豊かな知識を必要とする，非数値的な意思決定領域，すなわちトップマネジメントの意思決定に適用されるようになると指摘している（Simon 1987）。

　サイモンとニューエルが開発した GPS（General Problem Solver）では，コンピュータが解決する問題は，コンピュータ内部に「問題空間（problem space）」として定義される（Newell and Simon 1972）。この問題空間で，目標は「現在の状態」と「望ましい状態」の差異として与えられ，問題解決はその差異をなくす一連のオペレーター（手段に相当）を導くこととして定義される。この問題空間には次のようなデータが含まれる。現在の状態と望ましい状態，その中間に現れうるすべての状態の表現，各状態にオペレーターを適用した場合に発生しうる動き（legal move）の表現，様々な差異とその差異を縮小するのに有効なオペレーターの組合せ表，各オペレーターを適用するための条件，差異を難易度の序列である。これらのデータは，手

段－目標分析（means-ends analysis）プログラムによって処理される。

　手段－目標分析プログラムは，まず「現在の状態」と「望ましい状態」を比較し，その間の差異群を見出し，最も難易度の高い差異を抽出する。この差異を縮小するのに適したオペレーターを選択し，現在の状態がそのオペレーターの適用条件を満たしているかをチェックする。もし満たしていれば，そのオペレーターを現在の状況に適用する。その結果が望ましい状態と一致すれば，そのオペレーターが解となる。もし満たしていなければ，今度はそのオペレーターの適用条件を新たな「望ましい状況」とし，現在の状況とを比較し，その差異を縮小することを新たな問題として定義する。この過程を繰り返していくことを通じて，GPS は現在の状態と望ましい状態の差異を縮小する一連のオペレーターを見つけ出すことができる。問題が解決されるために重要な役割を果たすのは，差異の難易度である。縮小が難しい差異から始めないで，易しい差異から始めると，できることを繰り返すだけで，一向に現状が改善されない状況に陥ってしまう。

3．サイモンにおける経営組織と AI

　実践的命題の科学化を追求したサイモンは，人間も組織も，コンピュータも科学的に解明可能な技術的対象とした。『オーガニゼーションズ』（March and Simon 1958）の第 6 章に見られる「状況の定義」は，GPS の「問題空間」を人間や組織が直面する問題に適用したものであり，組織を状況の定義の中で作動する情報処理システム（技術，装置）として考えた。イノベーションを扱った第 7 章では，「手段－目標分析」が中心的な位置を占めている。同様の関係は，外部環境を単純化した問題空間の中で作動するコンピュータ・システムを，経営者と同じ意思決定ができる AI の開発が可能として定式化した。この場合，人間もコンピュータと同じ物理記号システムとして等価に扱われ，どの仕事をどちらが行うかは経済学的な比較優位性によって決まるとされる（Simon 1977）。

　組織と経営者の論理学的自己言及問題を避けるために，サイモンは演劇における脚本と役者の関係にたとえている。

「経営は演技に似ていないことはない。良い俳優の仕事は，役によって内容が大きく異なっても，自分の役を知ってそれを演ずることである。講演のできばえは，脚本のできばえと，それが演じられるときのできばえに依存しよう。経営過程のできばえは，組織のできばえと，そのメンバーが役割を演ずるときのできばえに応じて変わるだろう」（Simon 1997, 翻訳書，554頁）。

　経営者がデザインする組織は脚本に相当し，経営者は科学的な知見を持つ第三者としての脚本家としての役割と，その脚本に描かれた主役を演じる役割を，使い分ける良い俳優として位置づけられる。サイモンの理論では，組織は言語で記述できる脚本であるから，コンピュータ・プログラムでその行動を記述することは可能となる。その結果，会社はコンピュータで経営できるという結論が必然的に導くことが可能になる。

　この点，バーナードの『経営者の役割』の最後に記載されている，プラトンの法律編からの引用文と比較すると，両者の違いは鮮明となる。そこでは「あらゆることに対応する法律を制定することなど，何人もできない（no mortal legislates in anything）」と書かれており，サイモンがいうような脚本を完全に（言語化して）書くことはできないと主張している。さらに，水先案内人（pilot）のart に言及し，「art はあっても良いのだ。嵐のなかでは水先案内人の art の助けてもらった方がはるかに有利なことは，間違いないだろう。そうは思わないか」（翻訳書，310頁）と指摘している。翻訳では水先案内人の「技術」と訳されているが，原文はすべて「pilot's art」であり，バーナードは，それほど技術を超えた art の領域に達した精神を重視していた。

　サイモンの比喩では，脚本を書くもの，脚本，演者と実践される演技，舞台の出来栄え，がそれぞれ独立しているのに対して，水先案内人はその人が乗る船と分離できない自己言及関係になっている点が重要である。バーナードは，art の域に達した経営者になるには，協働体系の経営の経験を積むしかない，そうしてのみ「個人的ならびに協働的行動のより高い目的を生み出すごとき精神的結合に入り込むことができる」（翻訳書，309頁）と主張す

ることになる。AI という科学技術を基軸として要約すれば，サイモンは人間の組織もコンピュータも，互いに比較可能かつ代替可能な技術として二分法的に議論している。もちろんサイモンは慎重で，人間がコンピュータと同じだと言っているわけではない。人間のコンピュータと同じ側面を抜き出せば，科学の対象になると主張しているのである。

Ⅳ．AI 時代の経営学に向けて

　以上の比較を基礎に，協働体系を経営する技術として AI が普及した時代に，AI は人間を超える存在になって企業を経営できるのか，この問いをめぐり経営学の課題を検討していこう。

1．計算のパラドクスと社会的存在としての人間

　AI やコンピュータによる認知科学研究が進むにつれて，人間はそもそも論理演算をする存在なのか，論理的側面と非論理的側面は分割可能なのか，という根源的な問いが提起された。

　コンピュータの発展の歴史を見ると，当初は数値計算機として，その後，論理演算装置，さらにシンボル操作・処理システムとして発展してきた。そのハードとして重要な変化はプログラム内蔵型の登場であって，ソフト面では数学や論理学，哲学の分野で進んだ人間の論理的側面に関する研究であった。すなわち AI は，人間の論理的側面だけを取り出してきたものではあり，量子コンピュータの登場や機械学習などの話題に富む最近の AI に関する楽観論も悲観論も，著者にそれを評価する十分な見識を持たないが，こうした本質に変化はないようである。

　人間の認知機能が重要な部分で本質的に論理的に計算していないとすれば，論理演算マシンであるコンピュータで人間の認知機能を実現するには限界がある。そもそも計算していない人間を，計算機で研究するというこの問題を，ガードナー（Gardner 1985）は「計算のパラドクス」と呼んだ。実際，人間が論理的な計算をしていない可能性についての証拠が，言語学，文化人類学，心理学，行動科学，制度論や状況論が示唆する実践的転回におい

て次々に指摘されてきた。ゲーデル（K. Gödel）が指摘したように，実は数学のような論理的体系ですら，根源的なところでは解明不可能な不完全性を持っている。

　バーナードは日常の心理（mind）で，論理的プロセスと非論理的プロセスがあることを指摘し，道徳責任のような非論理的プロセスを感得できるかどうかが経営責任の本質にあると指摘した。彼と交流があったホワイトヘッド（Whitehead 1938）は，哲学の根幹に，重要性（importance）とか有意味性（significance），あるいは価値（valuable）といったそれ以上還元不可能な概念が存在すると指摘している。私たちが「それがある」と認識するのは，「それ」が重要だからである。何に意味や価値を見いだすのか，何を何と弁別するのか，そうした分類の基軸それ自体は論理的に説明することのできない信念だという。さらにマーチ（March 2010）は，人間は自己の内部に，矛盾した価値観や曖昧性を許容する存在であると主張した。

　ここで重要なのは，自己の内部に矛盾した価値を許容しつつ，他者との社会的関係の中にしか存在できない人間存在である。乳幼児の頃にはまず親が存在し，人間はまず従順さ（docility）を持って育つ（Simon 1996）。すなわち人間は本質的に社会的存在として自己を持つのであり，だからこそバーナードは「社会的結合の専門化」を重視したのであり，そこでのみより豊かな人間性を身につけることが可能になるのである（Barnard 1938）。

2．切り離された問題空間と埋め込まれた実践

　技術と人間の実践空間を切り離した上で，「企業組織にAIを導入したらどうなるのか？」と問うことはあまり意味がない。人間とコンピュータないしAIといった技術的存在を含むエコシステムの，新たな発展のダイナミクスが生まれるだけであり，その複雑なプロセスをあらかじめ完全に予測することは不可能である。実践の理論やアクターネットワーク理論などの最近の諸研究は，人間の行動を物質的・社会的・生物的要因からなる実践から切り離し，脳内の心象（mental imagery）ないしコンピュータ内に定義された問題空間における情報処理だけで，研究することはできないと主張している（桑田 2011）。

　技術と人間を二分法でとらえると，技術決定論か人間中心の主意主義か，というジレンマに陥る。バーナードはこの問題を「心理（mind：心）なき頭脳（brain）は無益な不均衡（unbalance）である」（Barnard 1938,『経営者の役割』，付録「日常の心理」，翻訳書，338 頁）と指摘している。論理的過程を中心とする「心なき頭脳」に対し，ここでいう「心理」は，単なる部分の総計を超えた全体を感得する非論理的推理過程である。こうした非論理的推理能力は，実践を通じてのみ学習されるとしている。「経験とは物事を実際に為すこと，行為，責任を取ることである」（Barnard 1938, 翻訳書，337 頁）。このような実践が心理を豊かにする素材を提供する。結局このようなマインドを発展させることは，コンピュータが責任を負うことができない限り，それを実践に適用し作用させることを通じた人間の学習によってしかできない。

　技術と人間の二分法を克服するには，松嶋（2015）が異種混交のエコシステムとして技術と人間組織を捉えたように，両者を同じレベルで扱う必要がある。人間がコンピュータを，当初は軍用目的で開発しても，人間はその装置を参照してビジネスに利用したり，人間の思考をシュミレートするように発展せる。一方で技術や装置は，それがなければ見えなかった現実を明らかにしてくれる。例えば，AI の研究を進めれば進めるほど，人間の思考の複雑性や非論理性が明らかになり，我々が人間を理解することに限界が明らかにされてきた。人はまたそうした技術や装置を利用して，エキスパートシステムやディープラーニングのような技術を開発することができた。こうしたプロセスの中で，エコシステムを形成する他者を参照することを通じて，自己言及システムは学習することが可能になる。バーナードが強調したexecutive arts の意味は，経営者は技術としての組織と個人人格を持つ人間が織りなす，こうした全体観を感得するマインドを必要とするということにほかならない。

3．人工物としての AI 技術と組織インテリジェンス

　組織が知的に高い有効性と能率を達成する組織インテリジェンスはいかにして追求されるのであろうか。リーヴィットとマーチ（Leavitt and March

1990) は，組織インテリジェンスを高めるルートとして，合理的意思決定能力を高める方法と，組織学習の二つがあると指摘し，特に後者をバーナードが我々に残した重要な課題として位置づけた。

　合理的意思決定能力を高めるには，道具・技術としての組織デザインを精緻化したり，高度な情報処理システムとしての AI などを導入することで実現される。最近の AI 研究では，ビッグデータをもとに機械学習やディープラーニングを通じて合理的意思決定能力を高める可能性が指摘されている。ビッグデータを基礎にした学習は，あくまでも情報処理するフレームは与えられており，その範囲内での不確実性の除去には有効である。しかし AI が人工物としてデザインされた技術である以上，どれほど進歩しても，それをデザインした人間の合理性の限界を反映するという意味で，完全合理性を達成することは不可能である（Simon 1996）。

　そのような限界を克服するために人間が採用しうるもう一つの方法が，組織学習である。限られた合理性のもとで，その時点での完全合理性ではなく満足できる水準の成果を得られたら，その後の問題は組織学習を通じて対応し，さらなる組織インテリジェンスを追求する方法である。組織学習には，自身の実践を通じて自身の思考様式を反省する自己言及性が不可欠である。新たな意味の獲得やイノベーションには，多義性の増幅や除去が不可避的に要求される。一つもしくは少数の事例から深く学習する必要がある（March 2010）。既存の枠組みの中での職務上のコミュニケーション以外に，社会的関係の中で展開されるゴシップ，無駄話，矛盾に満ちた日常の交流などの冗長性を許容する組織が，新しい意味や価値の創出に貢献する。

　これまでの考察によれば，AI は問題空間を実践と独立に定義ができる論理的分野により浸透していく。AI はチェスや将棋などの，ゲーム状況で良く機能するだろう。人間は AI とのゲームを経験することで，さらに新たな手を学習したり，より面白いゲームを開発することになるだろう。コンピュータの速度や処理能力が上がるにつれて，人間の過去の分類概念で準分解可能だった世界の関係性を，人間が新たな分類枠組みを創造し，新しい意味を見出すことを可能にしていく（Wilson and Daugherty 2018）。サイモン（1977）は論理的なコンピュータに対する人間の比較優位性を，生物学的

な柔軟性に主に求めたのに対し，バーナードは，論理的・非論理的自己言及システムを許容しうる社会結合の専門化（非公式組織）の学習能力にこそ，人間行動のシステムとしての優位性があることを指摘していたのである。我々は組織学習を，自己を含むエコロジーの中で組織インテリジェンスに結びつく論理について研究を深める必要がある。

謝辞：本稿の執筆にあたっては，中央大学の磯村和人先生よりたいへん丁寧なコメントを頂戴した。それに続く磯村先生とのメールを通じたインターラクションは，筆者にとって極めて生産的かつ刺激的なものであった。ここに記して感謝申し上げたい。

参考文献

Barnard, C. I. (1938), *The Functions of the Executive*, Harvard University Press.（山本安治郎・田杉競・飯野春樹訳『新訳 経営者の役割』ダイヤモンド社，1968年。）

Chandler, A. D. (1977), *The Visible Hand: The Managerial Revolution in American Industry*, The Belknap Press of Harvard University Press.（鳥羽欣一郎・小林袈裟治訳『経営者の時代——アメリカ産業における近代企業の成立——（上・下）』東洋経済新報社，1979年。）

Gardner, Howard (1985), *The Mind's New Science: A History of the Cognitive Revolution*, New York: Basic Book Inc.（佐伯胖・海保博之監訳『認知革命——知の科学の誕生と展開——』産業図書，1987年。）

Kurzweil, Ray (2005), *The Singularity is Near: When Humans Transcend Biology*, Loretta Barrett Books.（井上健監訳『ポスト・ヒューマン誕生：コンピュータが人類の知性を超えるとき』NHK出版，2007年。）

Levitt, Barbara and March, James G. (1990), "Chester I. Barnard and the Intelligence of Learning," in Williamson, O. E. (ed.) (1990), *Organization Theory: From Chester Barnard to the Present and Beyond*, Oxford University Press.

March, J. G. (2010), *The Ambiguity of Experience*, Cornell University Press.

March, J. G. and Simon, H. A. (1958), *Organizations*, John-Wiley（土屋守章訳『オーガニゼーションズ』ダイヤモンド社，1977年。）

Myer, O. and Post, R. C. (1981), *Yankee Enterprise: The Rise of the American System of Manufactures*, Smithsonian Institute.（小林達也訳『大量生産の社会史』東洋経済新報社，1984年。）

Newell, A. and Simon, H. A. (1972), *Human Problem Solving*, Prentice-Hall, Inc.

Simon, H. A. (1977), *The New Science of Management Decision*, Prentice-Hall.（稲葉元吉・倉井武夫共訳『意思決定の科学』産業能率大学出版部，1979年。）

Simon, H. A. (1987), "Two Heads Are Better than One: The Collaboration between AI and OR," *Interfaces*, Vol. 17, No. 4, pp. 8-15.

Simon, H. A., (1996), *The Science of the Artificial*, 3rd ed., MIT Press.（稲葉元吉・吉原英樹訳『システムの科学 第3版』パーソナルメディア，1996年。）

Simon, H. A. (1991), *Models of My Life*, New York: Basic Book.（安西祐一郎・安西徳子訳『学者人生のモデル』岩波書店，1998年。）

Simon H. A. (1945; 1997), *Administrative Behavior: A Study of Decision Making Process in*

Administrative Organizations, 4th ed., The Free Press.（二村敏子他訳『新版 経営行動：経営組織における意思決定過程の研究』ダイヤモンド社，2009 年。）

Whitehead, A. N. (1938), *Modes of Thought*, New York: MacMillan.（本田成親訳『思考の諸様態』未刊行。）

Wilson, H. J. and Daugherty, P. R. (2018), "Collaborative Intelligence: Humans and AI Are Joining Forces," *Harvard Business Review*, July-August.（「コラボレーティブ・インテリジェンス：人間と AI の理想的な関係」『ダイヤモンド・ハーバード・ビジネス・レビュー』2019年 2 月。）

桑田耕太郎（2011），「「実践の科学」としての経営学：バーナードとサイモンの対比を通じて」，経営学史学会編『危機の時代の経営と経営学（経営学史学会年報 第 18 輯)』文眞堂。

松嶋登（2015），『現場の情報化：IT 利用実践の組織論的研究』有斐閣。

第Ⅲ部

論　攷

5 技術進歩のもたらす経営組織の 逆機能に関する一考察
——組織事故の視点から——

藤 川 なつこ

I. 緒　言

　技術進歩は経営組織に何をもたらしたのか。生産性の向上や規模の拡大，過酷な労働からの解放，情報処理の迅速化など，あらゆる側面で技術進歩が経営組織の発展に寄与してきたことは疑いようもない事実である。しかしながら近年，技術進歩とグローバリゼーションの恩恵を享受してきた我々は，むしろ技術の高度化に起因し，かつ急速に伝播・拡大するリスクに対して，多面的な視野から組織の分離あるいは結束を図り，瞬時に対応することが求められている。福島第一原子力発電所事故で露呈したように技術進歩は機能的側面だけでなく，逆機能的側面も具有することを経営組織に課している。

　本稿では，技術進歩の陰で看過されやすい経営組織の逆機能を組織事故の観点から考察することで，経営組織のリスクマネジメントに寄与することを研究目的とする。本稿の構成は次のとおりである。まず技術と経営組織を巡る研究を①技術決定アプローチ②技術構成アプローチならびに③統合アプローチの観点から概観する。次に不適合と逆機能の概念を明確にする。さらに組織事故の理論モデルを提示し，組織事故の原因を考察する。

　組織は技術進歩が引き起こす逆機能をどのように管理していけばよいのだろうか。本稿では技術進歩と経営組織の共生のあり方について探究していく。

Ⅱ．技術と組織を巡る理論体系

　組織は自らの存続と発展のために技術を環境から取り込むとともに，研究開発を通じて技術を進化させてきた。技術は組織と環境とを連結する媒介物としての機能を果たしており，今日では戦略と連動した技術の管理が組織の中核を成している。技術は外在的な制約条件として組織を規定する側面と，組織や社会が構成していく側面とを有しており，技術論は主としてどちらの側面に焦点をあてるかで「技術決定アプローチ」と「技術構成アプローチ」とに分かれ発展を遂げてきた。本節では，両者に「統合アプローチ」を加え，3つの観点から技術と組織を巡る研究を概観していく。

1．技術決定アプローチ

　経営組織の発展は，技術進歩という歯車によっても突き動かされてきた。技術決定アプローチは「技術が客観的な条件として存在する」という立場をとる。本項では，組織構造を規定する状況要因として技術を捉える状況適合理論（Contingency Theory）の見解から技術決定アプローチを概観していく。

　状況適合理論の端緒とされる J. Woodward は，経営学は技術形態を無視しては現実の生きた経営が理解できないということを提唱し，技術を経営理論の中に組み入れた（矢島 1970）。Woodward (1965, 1970) は製造工程の技術カテゴリーから企業を次の3つのタイプに分類する。①顧客の注文に合わせた小規模なバッチ生産ないし単品生産を行っている企業，②大規模バッチおよび大量生産を行っている企業ならびに③気体・液体・結晶体を連続生産する装置企業である。その上で①小バッチ・単品生産および③装置生産においては，技術が組織構造の規定要因となり，技術と組織構造の適合が高業績をもたらすことを明らかにした。[1]以上のように Woodward の技術決定論では，静態的技術が組織構造を規定する側面（技術→組織）が分析された。

　C. Perrow (1970) は Woodward と同様に，技術と組織構造の関係を論じた。2つの次元，①刺激の変異性の度合いの次元（例外が少ない－例外が

多い）と②探究行動が分析的にある度合いの次元（非分析的な探究−分析的な探究）とをかけ合わせることで技術の4類型を Perrow は提示した。すなわち技術を①例外が少なく，非分析的探究である「手工業的技術」②例外が多く，非分析的探究である「非ルーティン的技術」③例外が多く，分析的探究である「工学的技術」ならびに④例外が少なく，分析的探究である「ルーティン的技術」に分類し，これらの技術類型に適合する組織構造の特徴を明らかにした。加えて，組織の技術に応じて組織構造は変わるため，技術変化が生じることを見越して組織構造をいつでも変えられるように準備しておく必要性があると Perrow は述べている。以上のように Perrow は，技術決定論の立場から技術が組織構造を規定する側面（技術→組織構造）を示しているが，技術の動態性を認識するとともに技術に人間の探究行動も含めている。

　J. D. Thompson（1967）は，技術だけでなく，技術と課業環境の両者が組織を規定する状況要因となりうることを明らかにした。Thompson は技術の3類型として①連続的な相互依存関係を伴う長連結型技術②活動を結びつける役割を担う媒介型技術ならびに③参加者の専門能力の結集を要する集中型技術を提示した。さらに Thompson は技術と課業環境を別の状況要因と考え，組織デザインのあり方を分析した（岸田 2019）。Thompson は，課業環境が4つのタイプ（同質−安定，異質−安定，不安定−同質，不安定−異質）に分類され，①安定的な課業環境で環境操作戦略によって核心技術を隔離できるなら職能部門制組織が，②不安定な課業環境では部分的な課業環境とそれに対応する部分的な技術とを交互的な相互依存性で自立的な課業群に統括できる場合には事業部制組織が，③課業環境が複雑で変動的でかつ技術変化が早い場合にはタスク・フォースやプロジェクト管理が，それぞれ必要であると述べている。以上のように Thompson の状況適合理論では，技術が組織を規定する側面（技術→組織）だけでなく，課業環境が組織を規定する側面（環境→組織）も分析されている（環境→組織←技術）。

　これまで見てきたように状況適合理論では，技術の諸類型を示すとともに技術に適合する組織構造が分析されてきた。したがって技術を組織の分業と調整ならびに相互依存関係を規定する状況要因としてみなす「技術決定論」

の立場をとる。しかしながら技術のみが組織構造を決定する要因として示されているのではなく，状況要因の中での主体的選択，すなわち技術と課業環境の間での状況要因の選択（Thompson 1967）や組織の管理行動を通じた技術の選択的利用（Perrow 1970）の可能性も示唆されている。

2．技術構成アプローチ

　組織を規定する所与の状況変数の一つとして技術を捉える状況適合理論に対し，技術構成アプローチでは「技術概念および技術的人工物は社会的に構成される」あるいは「技術はアクターであり，他のアクターとともに社会的連関を構成する」という見方をする。本項では，社会構成主義から派生した「技術の社会的構成論（Social Construction of Technology：以下 SCOT と略記する）」および「アクターネットワーク理論（Actor-Network Theory：以下 ANT と略記する）」の見解から技術構成アプローチを概観していく。

　1980 年代半ばになると，技術システムの進化の歴史を社会構成主義の観点から捉えようとする SCOT が登場し，ANT やシステムズ・アプローチとの間で活発な議論が行われてきた。1987 年に上梓された *The Social Construction of Technological Systems* では SCOT（Pinch and Bijker 1987；Bijker 1987），ANT（Callon 1987；Law 1987）ならびにシステムズ・アプローチ（Hughes 1987）などの研究者が結集して技術を社会学研究の議題に置いた。SCOT の立場をとる Pinch and Bijker は技術の社会的形成を強調することで技術的決定論を否定した。彼らは知識の社会学を援用し，社会環境を構成する社会集団が人工物の開発中に生じる問題を定義し解決する際に重要な役割を果たすと主張した。すなわち社会集団は技術に意味を与え，問題は社会集団または社会集団の組み合わせによって割り当てられた意味の文脈の中で定義されると彼らは指摘した。また Callon は ANT[4] の立場から「アクター（actors）[5]」がネットワークを介して相互作用しアクター・ワールドを形成していることをフランスにおける電気自動車開発の事例から説明した。外部あるいは内部（社会あるいは技術）の二分法は存在しない，縫い目のない生地のような技術と社会のシームレスなウェブ（seamless web）において技術開発に関わる社会的プロセスを Callon は分析した。

　したがって SCOT と ANT は両者ともに社会と技術の境界が所与で静的であると仮定するのではなく，アクターによって社会と技術の境界がどのように描かれたのかを注目する（Bijker and Pinch 2012）。しかしながら，SCOT では技術変化を安定的な関連社会集団によって説明しようとする（関連社会集団→技術）のに対し，ANT は社会的連関が人間と非人間の相互作用を通じて組み合わされていくプロセスを論じている。換言すれば SCOT は関連社会集団が技術を構成する側面を，ANT は技術的人工物を含めたアクターがネットワークを構成する側面をそれぞれ論じている[6]。以上のように技術構成アプローチには，社会集団が技術を構成するという見方とネットワークを形成する要素として技術を捉える見方とが併存している[7]。

3．統合アプローチ

　前述したように技術論は，技術を安定的な客観的存在として仮定し，組織の規定要因としてみる技術観（技術→組織）と，技術は動態的なものであり，社会的に構成されていくものとしてみる技術観（組織（社会）→技術）という 2 つの技術観に大別される。本項では，技術と組織の相互作用について，両者の技術観を統合する研究について考察する。

　Weick（1979）が提示した組織化の進化モデルでは，組織が技術を構成する側面と技術が組織を規定する側面との両面が示されている。まず実現過程（enactment）において行為が行われ，次に淘汰過程（selection）においてその行為に対する意味づけによって認知が形成され，それが保持過程（retention）において記憶（技術[8]）として蓄えられる。また，その保持された記憶は，次に生じる行為と認知に影響を及ぼす。すなわち，先に行為（実現）が行われそれに基づいて環境の意味づけ（淘汰）が形成される側面（行為→認知）と，実現された環境（保持）が次に行われる行為（実現）と認知（淘汰）に影響を及ぼす側面（認知→行為）との両方が示されている。Weick（1977）が「組織は後で自らを制約する環境をしばしば創り出している」と述べているように，技術決定論アプローチが示す技術から組織が制約を受ける側面と，技術構成アプローチが示す技術が組織的行為を通じて生成される側面の両面が組織化の進化モデルでは描かれている。

　岸田（1994, 2019）は，状況適合理論と Weick（1979）の組織化の進化モデルとを統合し，人間→組織（行動）→環境→組織（構造）→人間，のサイクルから成る組織の生成・発展のプロセスのモデルを提示した。岸田（1994）によれば，組織（Organization）は①新しい組織構造の形成に向けて人々の活動を相互に連結する組織生成（Organizing）の側面（人間→組織（行動）→環境）と②形成された組織構造が集合目的に向けて人々の活動を規制する構造統制（Organized）の側面（環境→組織（構造）→人間）とから成り，この①②の繰返しを通じて古い組織形態から新しい組織形態へと段階的に発展していく。したがって岸田の統合理論では Openand 自然体系モデル（Organizing）と Openand 合理的モデル（Organized）が統合されている（環境⇄組織⇄人間）。

　以上のように，本節では技術決定アプローチ，技術構成アプローチならびに統合アプローチから技術論を概観した。本稿では，技術を統合的アプローチの観点から捉えることで組織事故を体系的に分析し，組織事故という事象が組み上げられていく動態的プロセスおよびその原因を解明していく。

Ⅲ．経営組織の不適合と逆機能

　本節では，Merton（1957）の官僚制の逆機能および Perrow（1984）のシステム・アクシデントについて再考した上で，Weber（1922）の合理性の概念をもとに本稿における「不適合」と「逆機能」の定義を明確にしていく。

1．マートンの官僚制の逆機能

　R. K. Merton（1957）によれば，機能とは一定の体系の適応ないし調整を促す観察結果であり，逆機能とはこの体系の適応ないし調整を減ずる観察結果である。[9] Merton は，官僚制の逆機能を「訓練された無能力」[10]によって説明している。訓練された無能力とは，人の才能がかえって欠陥または盲点として作用するような事態のことである。訓練と技術にもとづいてこれまでは効果的であった行為でも技術の発揮に柔軟性が欠けていると変化した環境に合わせて行為を調整することができない。一般に人は自分が過去にうけた訓

練と合致した方策をとるが，重大な変化に気がつかない新しい条件の下では
これまでの訓練が万全であっただけに誤った手続きとなる。すなわち，人々
の訓練が禍して環境が変化した際には訓練にもとづく行動が無能なものに
なってしまう。またここでは「目標の転移」（Merton 1957）の過程が生じ
ており，もともと規則を守ることはひとつの手段だと考えられていたのに，
それがひとつの自己目的に変わっている。以上のように Merton は官僚制の
下で生じた環境変化と組織行動の不適合が引き起こす逆機能に焦点をあてて
いる。

2．ペローのシステム・アクシデント

　Perrow（1984）は，①相互作用が線形であるか複雑であるかという次元
と②システム内部の要素のカップリングがタイトであるかルースであるかと
いう次元の2つの次元を組み合わせることでシステムを4つのタイプに分類
し，複雑な相互作用かつタイト・カップリングのシステムではシステム・ア
クシデントは避けられないと指摘した[11]。Perrow の論旨は次の5点に集約さ
れる（藤川 2015）。①爆発する可能性のある原材料や有毒な原料を変換する
システムおよび敵対的環境におかれたシステムは可視化や予期が困難な相互
作用に対処可能なデザインが要求される。②6つの構成要素，すなわちデザ
イン，設備，手続き，オペレーター，供給・原材料ならびに環境の全てが完
全であることはありえないので失敗は起こりえる。③複雑な相互作用によっ
て計画された安全装置が無効にされる場合や安全装置が迂回された場合，予
期せぬ理解困難な失敗が引き起こされる。④システムがタイトに連結されて
いる場合，失敗から回復するための時間や資源のスラックならびに偶発的な
安全装置が稀少であるため，失敗は部分やユニットに限定されず，サブシス
テムやシステムにまで波及する。⑤これらのアクシデントは最初は構成要素
の失敗から引き起こされるが，こうしたシステムそれ自体の性質により，イ
ンシデントからアクシデントに発展する。以上のように Perrow は複雑な相
互作用の技術かつタイト・カップリングの組織構造が環境に対してアクシデ
ントという逆機能を引き起こす側面が説明されている。

3．組織の合理性と不適合と逆機能

　Merton が示した官僚制の逆機能ならびに Perrow が示したシステム・アクシデントは両者ともに技術と社会構造の正当な運用を目指しながらも，目的と手段の不一致が生じている。本項ではこれらの現象の背後にある要因について Weber（1922）の価値合理性と目的合理性の概念から考察することで，経営組織の逆機能を引き起こす要因を解明していく。

　Weber（1922）は社会的行為を4つの種類①「目的合理的行為」②「価値合理的行為」③「感情的行為」ならびに④「伝統的行為」に区別した。Weber によれば目的合理的行為とは環境の事物の行動および他の人間の行動に関する予想を，合理性を追求する自らの目的のための条件や手段として利用する行為であるのに対し，価値合理的行為とは行動の独自の絶対的価値そのものへの結果を度外視した意識的な信仰による行為である。

　Weber のこうした目的合理性と価値合理性の観点からみると，逆機能とは目的合理性と価値合理性の間のアンビバレントな状態から生じるといえよう。Weber が官僚制の合理的特性を提示したように，技術は本来人間や集団の目的合理的行為を可能にするものだとみなすことができる。しかしながら本稿では技術が価値合理性や目的合理性を瓦解する面も有していることを強調したい。そこで経営組織の逆機能という現象を説明するために「不適合」と「逆機能」の概念を提示する。不適合とは，目的合理的技術が人間や社会の価値合理性との間に逕庭が生じている状態あるいは人間の価値合理性を抑圧している状態を指す。他方で逆機能とは，個人や局所的な集団によって導かれた目的合理的技術がよりマクロな社会集団の目的合理性を瓦解する側面を指す。以上のように本稿では経営組織の逆機能とは目的合理的技術の不適合から引き起こされる組織の環境適応あるいは調整を損なう反応として捉える。

Ⅳ．技術進歩のもたらす組織事故

　本稿において個別の事故事例の分析ではなく，技術論の統合アプローチから組織事故を体系的に分析する理由は次のとおりである。第1に，状況適合

理論では環境－組織－人間の適合が高業績をもたらすことが明らかにされてきたが，本稿ではこうした状況適合理論の適合概念を援用し，環境－技術－人間の適合が組織の高い安全性（技術－人間の適合），延いては高い信頼性（環境－技術－人間の適合）をもたらすと考える[13]。同時に，これらの不適合が組織事故発生の引き金となりうることも説明する。第2に，個別の事故事例を分析し原因に対する対策を部分的に講じても同様の事故は繰り返されることからも，システム全体の中で様々な原因が連鎖し組織事故に繋がるプロセスを解明する必要がある。すなわち技術構成アプローチで示されたように，組織全体の中で組織事故が技術的連関から生じるメカニズムを解明した上で，事故原因を類型化し対策を講じていくことこそが，ますます技術が複雑化する現代組織の経営管理において求められているのである。

1．組織事故の統合的分析モデル

　組織事故が技術的連関から生じるメカニズムを表すために本稿では，組織事故を環境⇄技術⇄人間の間の不適合から生じる逆機能と捉え，4つの構成要素（段階）に類型化する（図1）[14]。すなわち組織事故の4要因として，①環境と技術の不適合（環境→技術）②技術と人間の不適合（技術→人間）③人間の逆機能（人間→技術）④技術の逆機能（技術→環境）を提示する。

　本稿では，組織事故の特徴として，次の3点をあげる。第1に，経営組織

図1　組織事故の発生メカニズム

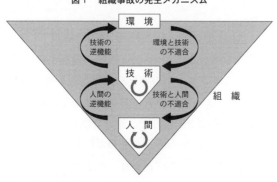

（出所）　筆者作成。

表1　組織事故原因の4類型

技術の逆機能（技術→環境）		環境と技術の不適合（環境→技術）	
特徴	現象	特徴	現象
制御不能となった技術が暴走し，環境に対して誤った反応を引き起こした状態	組織事故，企業不祥事，組織不正，大規模リコール	環境変化に対して，選択された組織内の技術が適応できない状態	組織の競争力低下，経営業績悪化，倒産
人間の逆機能（人間→技術）		技術と人間の不適合（技術→人間）	
特徴	現象	特徴	現象
人間の行為や意味づけによって，技術が誤操作された状態	ミス・エラーの増加，違反行動の発生，不良品の増加	組織内の技術変化に対して，人間が適応できない状態	社員のストレス増加，欠勤率・離職率の増加

（出所）　筆者作成。

の逆機能は技術の機能不全（malfunction）と人間の機能不全（dysfunction）に大別される。前者には①環境と技術の不適合および④技術の逆機能が当てはまり，後者には②技術と人間の不適合および③人間の逆機能が当てはまる。第2に，①環境と技術の不適合および②技術と人間の不適合は，それぞれ環境決定，技術決定の側面を表しているのに対し，③人間の逆機能および④技術の逆機能は，技術構成・主体的選択の側面を表している。第3に，組織事故は，環境→技術→人間の不適合が人間→技術→環境の逆機能をもたらすことによって生じる。表1は組織事故原因の4類型およびその特徴と現象を示している。

2．デジタル・AI時代がもたらす経営組織の逆機能

　これまでの内容を踏まえデジタル・AI技術の進展が経営組織にもたらす功罪について考察することで本稿の今日的，社会的意義を明確にする。デジタル・AI技術の進展によって情報収集および情報処理の速度が飛躍的に向上し，企業間分業や省人化が進展した。他方で次のような看過できない変化も生じている。第1に，AIが人と人とをつなげる役割を担うようになってきている。第2に，AIがアクターとなり，人とネットワークを構築する動きもみられる。第3に，AIが人の労働状況を監視・制御し始めている。

　このようにデジタル・AI時代では技術を中心にそれを使っている人間が連結されることでネットワークが形成されていく。目的合理性を追求する手段である技術が人と人との間に介在することでコミュニケーションや間主観性の形成に影響を及ぼしている。また人々の協働目的は一面的な目的合理性に移行していく可能性もある。さらにAIが人間の労働を制御することでジョブ型のように細分化された職務に対して評価が行われる人事制度に移行する動きが加速する。

　したがってデジタル・AI技術の進展によって組織の境界は曖昧になり，組織はネットワーク化し，全体構造が捉えづらくなっている。ネットワークでは，役割関係からもたらされる権限と責任の構造や，部分と全体あるいは過去と現在の関係からもたらされる意味の体系は棄却される。ひとつの事故がネットワーク全体に波及していったとしても，構造や意味を把持している人間がいなければ事故の連鎖を断ち切ることは難しくなるだろう。

V. 結　語

　目的合理性のみが一人歩きし，価値合理性がなおざりにされた技術進歩は，組織事故の発生，延いてはその連鎖による人類の破滅に繋がりかねない。本稿では目的合理性だけでなく，価値合理性を技術に組み込むことが今後の技術マネジメントにおいて求められることを明らかにした。今後の課題として①組織事故の発生要因間の繋がり（連鎖の構造）②技術を巡る価値合理性と目的合理性との間のトレード・オフの関係を統合する枠組み，ならびに③不適合が逆機能ではなく，革新に繋がる状況に関する分析をあげる。

　技術進歩とグローバリゼーションによって，組織事故の影響はひとつの組織内に止まらず，世界中に急速に伝播し被害を拡大させていく。技術進歩の陰で，今後ますますこうした組織事故が多発・併発する社会になっていくことが予想される。経営学史から何を学び，技術進歩と経営組織はどのように対峙していけばよいのかを，我々が直面する現実は問い直している。

＊本稿は，日本学術振興会科学研究費・基盤B（課題番号：20H1543）および基盤C（課題番号：18KO1794）の助成を受けて行った研究成果の一部である。

＊本稿の執筆にあたり，チェアパーソンの間嶋崇先生，2名の査読者の先生方，岸田民樹先生，内藤勲先生，林徹先生ならびに山下剛先生から，大変貴重なコメントを数多く賜った。記して心からの謝意を表したい。

注

1）　②大バッチ・大量生産においては，技術そのものよりもコントロール・システムの性質が組織構造および組織行動の差異を決定することを Woodward は明らかにした。Woodward の研究に関しては，岸田編著（2012）および岸田（2019）が詳しい。

2）　Thompson によれば，オープン・システムは①インプット活動②技術的活動ならびに③アウトプット活動の3つの主要な要素活動を必要とし，これらの活動が適切に連動し合うことで組織の合理性は獲得される。こうした Thompson の議論をもとに本稿では，技術は組織がインプットをアウトプットに変換する際の中核的な媒介物であり，さらに後述する技術構成アプローチの観点も踏まえて技術を人間と環境を連結するものとして位置づける。

3）　Berger and Luckmann（1966）は，現実は社会的に構成されており，知識社会学はこの構成が行われる過程を分析しなければならないと主張する。

4）　ANT の主要な研究者である Latour（2005）によれば，ANT はつながりや連関をたどることならびにその組み合わせ（assemblage）をデザインすることに焦点をあてる。

5）　アクターとはネットワークを構成する異質な存在であり，Callon（1987）のアクターには電子，触媒，蓄電池，ユーザー，研究者，製造業者ならびに技術に影響を与える規制を定義し施行する省庁などが含まれ，Callon は生物と無生物，個人と組織を区別しない（Bijker, Hughes and Pinch 1987）。

6）　Bijker and Pinch（2012）によれば，SCOT と ANT は人々が技術を形作り，使用する諸側面を明らかにしようとするものであるが，SCOT はグループダイナミクスを強調するのに対し，ANT では人間以外のアクターも技術システムの軌道を形作ることができると考えるという違いが見られる。

7）　宮尾（2013）は，SCOT，ANT ならびにシステムズ・アプローチなどを統合する研究領域として「技術の社会的形成（social shaping of technology）」を位置づけている。

8）　内藤・史（1990）は，Weick（1979）の組織化の進化モデルにおいて保持される因果関係の体系を技術として捉える。

9）　Merton（1957）は，どのような場合であれ，機能的結果と逆機能的結果を共にもつので，総結果の正味の先引き感情を評量する基準を引き出さねばならないとしている。

10）　Weber（1921-1922）は，官僚制機構は卓越した技術的合理性とともに永続的性格をもちあわせており，官僚制はひとたび完全に実施されると破壊することのもっとも困難な社会形象の一つとなることを示している。

11）　Perrow（1984）は，システムを4つの階層レベル①部分②ユニット③サブシステムならびに④システムに分割し，部分やユニット・レベルにおける混乱を「インシデント」と呼ぶ。他方でサブシステムやシステム・レベルにおける混乱を「アクシデント」と呼び，インシデントとアクシデントを区別した。

12）　Reason（1997）は，事故にはその影響が個人レベルで収まる事故（個人事故）とその影響が組織全体に及ぶ事故（組織事故）との二種類があることを示した。本稿で想定する組織事故とは，技術的活動（Fayol 1917）において生じ，組織が保有する技術を用いたアプトプットの産出活動の継続を困難にさせるものである。加えて組織事故の影響および範囲は，Reason（1997）の組織事故や Perrow（1984）のアクシデントで示されているように組織全体あるいは周辺環境にまで及ぶものを想定している。また悪意や意図が存在する組織不祥事とは異なり，組織事故

は意図せずして発生する特徴を有している。本稿では組織事故について焦点をあてたが，組織不祥事に関しては稿を改めて分析していく。

13)　環境－技術－人間の適合を組織の信頼性から研究する領域として高信頼性組織研究があげられる。高信頼性組織研究については Weick and Sutcliffe（2015），中西（2007）ならびに藤川（2015）を参照のこと。

14)　本稿で想定する人間観は，Schein（1980）が提示した「複雑人（Complex Man）」があてはまる。すなわち人間の性格は年齢，発達段階，役割の変更，状況ならびに対人関係の変化とともに変わるため，不適合が生じると本稿では考える。

参考文献

Berger, P. L. and Luckmann, T. (1966), *The Social Construction of Reality: A Treatise in the Sociology of Knowledge*, Garden City: Doubleday.（山口節郎訳『現実の社会的構成』新曜社，1977 年。）

Bijker, W. E. (1987), "The Social Construction of Bakelite: Toward a Theory of Invention," in Bijker, W. E., Hughes, T. P., and Pinch, T. J. (eds.), *The Social Construction of Technological Systems*, Cambridge: MIT Press, pp. 159-187.

Bijker, W. E., Hughes, T. P., and Pinch, T. J. (eds.) (1987), *The Social Construction of Technological Systems*, Cambridge: MIT Press.

Bijker, W. E. and Pinch T. J. (2012), "Preface to the Anniversary Edition," in Bijker, W. E., Hughes, T. P., and Pinch, T. J. (eds.), *The Social Construction of Technological Systems: New Directions in the Sociology and History of Technology*, Cambridge: MIT Press, pp. xi-xxxiv.

Callon, M. (1987), "Society in the Making: The Study of Technology as a Tool for Sociological Analysis," in Bijker, W. E., Hughes, T. P. and Pinch, T. J. (eds.), *The Social Construction of Technological Systems*, Cambridge: MIT Press, pp. 83-103.

Fayol, J. H. (1917), *Administration Industrielle et Generale*, Paris: Dunod & Pinat.（山本安二郎訳『産業ならびに一般の管理』ダイヤモンド社，1985 年。）

Hughes, T. P. (1987), "The Evolution of Large Technological Systems," in Bijker, W. E., Hughes, T. P. and Pinch, T. J. (eds.), *The Social Construction of Technological Systems*, Cambridge: MIT Press, pp. 51-82.

Latour, B. (2005), *Reassembling the Social: An Introduction to Actor-network-theory*, Oxford, New York: Oxford University Press.（伊藤嘉高訳『社会的なものを組み直す』法政大学出版局，2019 年。）

Law, J. (1987), "Technology and Heterogeneous Engineering: The Case of Portuguese Expansion," in Bijker, W. E., Hughes, T. P. and Pinch, T. J. (eds.), *The Social Construction of Technological Systems*, Cambridge: MIT Press, pp. 111-134.

Merton, R. K. (1957), *Social Theory and Social Structure*, The Free Press.（森東吾・金沢実・森好夫・中島竜太郎訳『社会理論と社会構造』みすず書房，1961 年。）

Perrow, C. (1970), *Organizational Analysis: A Sociological View*, Wadsworth.（岡田至雄訳『組織の社会学』ダイヤモンド社，1973 年。）

Perrow, C. (1984), *Normal Accidents: Living with High-Risk Technologies*, 1st ed., Princeton, NJ: Princeton University Press.

Pinch, T. J. and Bijker, W. E. (1987), "The Social Construction of Facts and Artifacts: Or How the Sociology of Science and the Sociology of Technology Might Benefit Each

Other," in Bijker, W. E., Hughes, T. P. and Pinch, T. J. (eds.), *The Social Construction of Technological Systems*, MIT Press, pp. 17-50.

Reason, J. (1997), *Managing the Risks of Organizational Accidents*, Ashgate Publishing Limited. (塩見弘監訳／高野研一・佐相邦英訳『組織事故——起こるべくして起こる事故からの脱却——』日科技連, 1999 年。)

Schein, E. H. (1980), *Organizational Psychology*, 3rd ed., Prentice-Hall.(松井賚夫訳『組織心理学』岩波書店, 1981 年。)

Thompson, J. D. (1967), *Organizations in Action*, New York, NY: McGraw-Hill. (大月博司・廣田俊郎訳『J. D. トンプソン行為する組織——組織と管理の理論についての社会科学的基盤——』同文舘出版, 2012 年。)

Weber, M. (1921-1922), *Burokratie*, Turbingen. (阿閉吉男・脇圭平訳『官僚制』恒星社厚生閣, 1987 年。)

Weber, M. (1922), "Soziologische Grundbegriffe," *Wirtschaft und Gesellschaft*, Tubingen, J. C. B. Mohr. (清水幾太郎訳『社会学の根本概念』岩波文庫, 1972 年。)

Weick, K. E. (1977), "Enactment Processes in Organizations," in Shaw, B. and Salancik, G. (eds.), *New Directions in Organizational Behavior*, Chicago, IL: St Clair.

Weick, K. E. (1979), *The Social Psychology of Organizing*, 2ed ed., Addison-Wesley. (遠田雄志訳『組織化の社会心理学』文眞堂, 1997 年。)

Weick, K. E. and Sutcliffe, K. M. (2015), *Managing the Unexpected*, 3rd ed., John Wiley & Sons. (中西晶監訳／杉原大輔ほか高信頼性組織研究会訳『想定外のマネジメント［第3版］——高信頼性組織とは何か——』文眞堂, 2017 年。)

Woodward, J. (1965), *Industrial Organization: Theory and Practice*, London: Oxford University Press. (矢島鈞次・中村壽雄共訳『新しい企業組織』日本能率協会, 1970 年。)

Woodward, J. (ed.) (1970), *Industrial Organization: Behaviour and Control*, London: Oxford University Press.(都筑栄・宮城浩祐・風間禎三郎共訳『技術と組織行動』日本能率協会,1971 年。)

岸田民樹 (1994), 「革新のプロセスと組織化」『組織科学』第 27 巻第 4 号, 12-26 頁。

岸田民樹 (2019), 『組織学の生成と展開』有斐閣。

経営学史学会監修／岸田民樹編著 (2012), 『ウッドワード（経営学史叢書 Ⅷ）』文眞堂。

内藤勲・史世民 (1990), 「技術と組織——機械・金属工業と現場組織を中心に——」名古屋大学経済学部附属経済構造研究センター編『調査と資料』第 91 号, 1-41 頁。

中西晶 (2007), 『高信頼性組織の条件』生産性出版。

藤川なつこ (2015), 「高信頼性組織研究の理論的展開」『組織科学』第 48 巻第 3 号, 5-17 頁。

宮尾学 (2013),「第 3 章 技術の社会的形成」組織学会編『組織論レビューⅡ：外部環境と経営組織』白桃書房, 89-136 頁。

矢島鈞次 (1970), 「はじめに解題ありき」矢島鈞次・中村壽雄共訳『新しい企業組織』日本能率協会, 1-36 頁。

6　協働におけるアカウンタビリティの類型
——Barnard（1938；1948）の組織概念からの接近——

坂　井　　恵

Ⅰ．はじめに

　わが国で経営学（経営経済学）研究が始まってからしばらく，経営学と会計学は一対化して論究されることが主流であった。しかしながら今日，両者は別個の学問に分化し，一体的に研究されなくなってしまった。なぜか[1]。

　経営学の存在意義を論じた小笠原（2017）は，経営学が歴史的に企業経営学として生成し発展してきた一方，その生成期から対象を企業に限定しない一般経営学の可能性が提示され模索されてきたことを指摘し，前者を「企業学派」，後者を「協働学派」に分類した（228-229頁）。かかる分類にしたがえば，経営経済学における会計研究（計算制度論）は，企業の経済現象を扱う「企業学派」によるものに他ならない。他方，企業を含む経営体の協働における組織現象や経営現象を対象とする「協働学派」において，会計は企業の計算制度や計算職能に位置付けられたまま深く顧みられることなく，やがて主たる対象から除外され，今日に至っているのではないだろうか[2]。しかし，たとえ経営学（協働学派）が会計への関心を失ったとしても，現実の経営や協働にとって，会計は依然重要な意味を有しているのではないか。

　こうした問題意識を踏まえ，本稿は，協働という行為における会計の意義に接近するための予備的考察として，協働で営まれるアカウンタビリティの類型化を試みる。まず，第Ⅱ節で，会計をアカウンタビリティに基づく説明とみなした上で，それをコミュニケーションとしての性質をもつ責任実践の中に位置付ける。続いて，第Ⅲ節で，Barnard（1938；1948）の組織概念を手掛かりに，協働におけるコミュニケーションの類型を示す。そして第Ⅳ節

で，かかるコミュニケーションの類型別にアカウンタビリティに基づく説明を抽出し，協働におけるアカウンタビリティの類型を導出する。

Ⅱ. コミュニケーションとしての責任実践とアカウンタビリティ

　会計の目的観については様々な立場があるが，会計の本質に接近するにあたり，われわれは伝統的な目的観とされるスチュワードシップ仮説（高松2000）に依拠し[3]，会計をアカウンタビリティに基づく説明とみなす。会計研究では，アカウンタビリティの内容は受託責任（スチュワードシップ）概念とともに論じられ（國部1996；友岡2012；椛田2018；石原2018），財産管理の受託者に課される義務とみなされる場合が多い（例えばBird 1973；井尻1976）。中には財産管理に限定しない責任と関連付けたアカウンタビリティ概念もみられるが（例えば吉田1975；Ijiri 1981），受託責任とともに課される財産管理状況の説明，報告ないしは釈明の義務とする見方が，会計学における通説と言えよう[4]。かかる受託責任は，経営学における伝統的な責任観，すなわち私有財産制度を源泉とする権限に対応して割り当てられた仕事を達成する義務（クーンツ・オドンネル1965, 74, 98頁）とする見方と近似的である。これに対して，権限受容説に立ち，責任優先説（飯野1978）とも呼ばれるBarnard（1938）は，責任を「強い反対の欲望や衝動があっても，その個人の行動を統制する特定の私的道徳準則の力」（p. 263, 翻訳書，274頁）と定義する。これは他者から課された義務とみる伝統的な責任観と異なり，責任の主体的な側面を強調した概念と言える。こうした二つの責任の捉え方は，相容れないものか。それとも，両者は何らかの関わりをもっているのか。

　倫理学の立場で責任を論じた大庭（2005）は，責任が一義的には人間関係（間柄）の特質を意味し（23頁），互いに「問いかけ・呼びかけうるし，応じうる」間柄が責任の根幹にあり（16頁），そうした間柄（呼応可能性）を作り出し，維持し，発展させていこうとする態度が，その当事者に帰せられる責任であると主張する（24頁）。かかる主張に基づけば，責任は，他者との関係に働きかける主体的な側面と，他者との関係から制約を受ける側面，

言わば客体的な側面の，両者をあわせもつことになる。こうした見方に拠ると，アカウンタビリティは責任においてどのように位置付けられるであろうか。かかる検討にあたり，法哲学研究で提唱される応答責任論に着目したい。

瀧川（2003）は，責任を負う，責任を果たす，責任を問う／問われるといった責任に関わる実践（責任実践）について，もっぱら負担の分配・帰属から捉える解釈（負担責任論）が法学における通説的解釈としながら（115, 117頁），負担責任論の限界を克服するため，応答責任論を提唱している（126頁）。応答責任論は，責任を問う主体（問責者）と責任を問われる主体（答責者）間のコミュニケーションとしての性質を有する責任過程として責任実践を捉える（同上書，153-156頁）。責任過程におけるアカウンタビリティを論じたTakikawa（2009）及び蓮生（2010；2011）の議論を踏まえ，責任過程に関するわれわれの理解を(i)合意，(ii)期待と応答，(iii)問責と答責，の三段階に区分して示せば，以下の通りとなる（坂井 2020, 33-34頁）。

(i) 合意では，コミュニケーションの前提となる約束が相互に受け入れられ，これが各々に責務を生じさせる契機となる。約束の内容は，法や道徳など社会的に広く共有された規範のみにとどまる場合もあれば，当事者だけで合意された事柄を含む場合もある。前者の規範から生じる責務は包括的な内容となる一方，後者の合意に基づく責務はより個別的で具体的な内容になると考えられる。また，これに続くコミュニケーションでは，各当事者が自らの責務に関して答責者となると同時に，他者の責務に関して問責者となる。

(ii) 期待と応答では，合意した約束に基づいて問責者が期待し，答責者がそれに応える，というコミュニケーションが営まれる。問責者は，予期した通りに相手の行為がなされることを待ち設けると同時に，時には期待を表明して相手への呼びかけを行うことになる。これに対して答責者は，相手の期待する行為を自らの責務として受け入れ，かかる行為を遂行し，その結果（顛末）を説明することで，相手の期待に応答していくことになる。

(iii) 問責と答責では，問責者が自らの期待に対する応答の適否を評価し，

かかる評価に基づく賞罰（負担）を答責者が受け入れる，というコミュニケーションが営まれる。答責者の応答が期待通りでない時にその理由を問責者が問うた場合や，問責者の下した評価に答責者が納得できない場合には，答責者は自らの応答に対して正当な評価を受けるべく，応答の理由（意図）を説明すると考えられる。問責と答責を経て両者の関係を継続するような合意が生じると，責任過程（コミュニケーション）もまた継続することになる。

　上記の責任過程にBarnard（1938）の概念を援用すれば，(ii)期待と応答において，答責者が責務を受け入れるかどうかを自らの私的道徳準則に照らして主体的に判断し，たとえ反対の欲望や衝動があっても責務として受け入れた行為を遂行するよう自らを律する態度が，責任の主体的側面に相当することになる。しかし，答責者の応答が常に問責者を満足させたり，納得して受け入れてもらえたりするとは限らない。そこで，かかる応答を独りよがりに陥らせないためには，問責者の評価を受け，他者の期待や求められる負担を理解しようとする態度，すなわち責任の客体的側面が必要となるのである。そして，問責者の評価を受けるべく，(ii)期待への応答としての説明（結果説明）及び(iii)問責への答責としての説明（理由説明）の両者をなそうとする答責者の態度こそアカウンタビリティに該当するというのが，われわれの理解である[5]。以下では，アカウンタビリティに基づく説明が，答責者の主体的応答を客体化する契機となり，問責者とのコミュニケーションとして営まれる責任実践の中に位置付けられるものとみなし，議論を進める。

Ⅲ．協働におけるコミュニケーションの類型

　では，協働においては，どのようなコミュニケーションを通じて責任実践が営まれるのであろうか。前出のBarnard（1938）は，協働における責任の主体的側面を論じた稀有な研究であると同時に，高度に体系的な協働理論を示しており，本稿の目的に有用な枠組みを与えてくれることが期待できる。まずは，同理論におけるコミュニケーションの位置付けを確認しておきたい。

　Barnard（1938）は，「二人以上の人々の意識的に調整された活動や諸力のシステム」と定義する公式組織を，協働の経験を分析するための最も有効な概念とし（p. 73, 翻訳書，76頁），その成立の必要十分条件として，コミュニケーション，貢献意欲，共通目的の三つをあげている（p. 82, 翻訳書，85頁）。このうちコミュニケーションは，共通目的を一般に知らしめるものであり（Ibid., p. 89, 翻訳書，93頁），その技術が組織の構造，広さ，範囲を決定する要因となるため，組織の理論の中心的地位を占めるとされる（Ibid., p. 91, 翻訳書，95頁）。そしてBarnard（1938）は，上位者による命令としてのコミュニケーションの性質を，権威の観点から詳しく論じている（pp. 163-181, 翻訳書，170-189頁）。一方でBarnard（1938）は，個人間，個人と集団間の相互作用が協働の結果不可避的に生じることを指摘しているが（pp. 40-42, 翻訳書，42-43頁），そうした相互作用は各々がコミュニケーションを伴い，そこには命令以外にも多様な性質のコミュニケーションが含まれると考えられる。そこで，Barnard（1938；1948）が示す非公式組織の概念並びに公式組織の二形態とされる側生組織と階層組織の概念を手掛かりに，協働で生じ得るコミュニケーションの類型を導き出し，本稿の分析の枠組みとする。

　まず，非公式組織は，「個人的な接触や相互作用の総合」及び「人々の集団の連結」とされ，共通ないし共同の目的がなく，決まった構造をもたないにも関わらず，重要な性格をもつ共通ないし共同の結果が，非公式組織から生じることが指摘されている（Barnard 1938, p. 115, 翻訳書，120-121頁）。非公式組織を構成する相互作用は，身体的な接触，肉体的な協働の行為，言語によるコミュニケーション等から成り立っており，反復的な慣習方法と様式をとり，そうした相互作用のすべてから，物事をやる慣習的方法とコミュニケーションの慣習的方法，事象とコミュニケーションへの慣習的反応等が生じ，それら慣習的方法等がやがて習俗や習慣，道徳準則，制度，公式組織等として識別されるようになる（Barnard 1948, pp. 144-145, 翻訳書，145-146頁）。こうした性質をもつ非公式組織では，協働を前提としない個人的な動機によるコミュニケーション（挨拶や日常会話等）が行われ，結果として協働に影響する場合があると解釈できる。本稿では，これを協働を前提と

しない「非公式コミュニケーション」と呼び，協働を意識して行われる命令などのコミュニケーションを「公式コミュニケーション」と呼ぶことにする。

　続いて，公式組織の二形態をみていく。第一の「側生組織」は，相互作用，契約，条約などの自由な合意の類型とされ，命令の義務と服従の願望が本来的に欠けた非権力主義的組織であり，通常は短期間だけ設定され，組織に固有の目的をもたない（Ibid., p. 150, 翻訳書，150 頁）。合意の当事者は横並びの関係で，共通目的をもたないことから，そこでのコミュニケーション[6]は水平的で，個人的な動機に基づくものと言える。第二の「階層組織」は，垂直的で，関節接合的で，位階制的で，階層的な類型であり，権力主義的で，第一次的な統合は垂直的で，同一レベルにある部分間の調整は命令や指示によって決定され，通常は無限に存続するとみなされる（Ibid., pp. 150-152, 翻訳書，150-151 頁）。したがって，階層組織で行われるコミュニケーションは垂直的で，共通目的が意識されたものと言える。これら二形態に鑑みれば，公式コミュニケーションはさらに二つに分類できる。一つは，自由な合意に基づく水平的なコミュニケーションで，これを「側生的コミュニケーション」と呼ぶことにする。もう一つは，垂直的で共通目的が意識されたコミュニケーションで，これを「階層的コミュニケーション」と呼びたい。かかる分類にしたがえば，Barnard（1938）が論じた命令としてのコミュニケーションは，後者の階層的コミュニケーションに他ならない（村上2004）。

　以上より，協働におけるコミュニケーションは，協働を前提とせず個人的な動機によって行われる「非公式コミュニケーション」，協働を伴う合意に基づき個人的な動機によって行われる「側生的コミュニケーション」，協働にかかる共通目的に基づき，当事者間の階層的な関係が意識され，長期継続的に行われる「階層的コミュニケーション」の三つに分類できる。なお，側生的コミュニケーションは，合意した約束の完了までの期間にその継続性が左右され，約束が長期にわたる場合は継続的に行われると考えることができよう。

　ここで，コミュニケーションの三類型の相互の関係について確認してお

く。非公式組織における接触や相互作用は，公式組織の成立に必要となる
と同時に，非公式組織の永続や発展には公式組織が必要とされる（Barnard
1938, pp. 116-117, 翻訳書，122頁）ことから，公式組織と非公式組織の成
員は重複し，協働関係にある者同士によっても非公式コミュニケーションが
行われると解釈できる。また，Barnard（1948）は公式組織の二形態を選択
の問題として論じているが（p. 150, 翻訳書，150頁），現実の大規模協働の
組織は，階層的（権威的）調整に加え側生的（交渉的）調整がなければ成立
しえないと考えるべきであろう。[7] つまり，大規模な協働では，階層的調整を
支える階層的コミュニケーション，側生的調整を支える側生的コミュニケー
ション，さらにはそれらの基盤となり前提を生み出す非公式コミュニケー
ションが，同時並行的に行われているとみなすことができよう。

IV. 協働におけるアカウンタビリティの類型

　続いて，上述のコミュニケーションの類型別に，協働における責任実践の
中からアカウンタビリティに基づく説明（結果説明と理由説明）に該当する
ものを抽出し，協働におけるアカウンタビリティの類型を検討する。

1. 非公式コミュニケーションにおけるアカウンタビリティに基づく説明
　非公式コミュニケーションは，協働を前提としないものの，法や道徳など
の社会的規範に関する合意には基づいて行われると言える。したがって，そ
うした合意に基づく包括的な責務（礼儀正しくふるまう，誠実に行動する，
法を遵守する，他者の権利を尊重する，など）が相互に生じ，かかる責務に
基づいて行為がなされることになる。しかし，責務が包括的なため，行為
の結果説明があらかじめ期待されるとは考えにくい。また，他者の期待通り
に応答しなかった時には責任を問われて理由説明が求められると考えられる
が，与えた不満足が軽微であれば，責任を問われない場合もあろう。した
がって，包括的責務に関するアカウンタビリティに基づく説明は，主として
他者から責任を問われた時に行われると言えよう。

2．側生的コミュニケーションにおけるアカウンタビリティに基づく説明

　側生的コミュニケーションは，社会的規範だけでなく，協働を前提とした自由な合意に基づいて行われる。したがって，規範に関する包括的な責務に加えて，側生的な合意に基づく個別的な責務が相互に生じていることになる。通常，契約等として合意された約束の内容は具体的に定められ，説明がなくとも行為の結果が明らかな場合を除いて，答責者による結果説明があらかじめ期待されると考えられる。また，約束違反と認められる場合には，答責者は理由説明を求められるであろう。したがって，側生的コミュニケーションでは，包括的責務に関するアカウンタビリティに加え，側生的合意に関するアカウンタビリティに基づく説明が行われると言えよう。なお，合意された約束が長期にわたる場合（権利の所有，雇用契約等）には，側生的合意に関するアカウンタビリティに基づく説明も，継続的に行われることになろう。

3．階層的コミュニケーションにおけるアカウンタビリティに基づく説明

　階層的コミュニケーションは，協働を前提とした共通目的に基づいて行われることから，包括的責務に加え，共通目的に基づく個別的な責務を伴っていると考えられる。ここで，包括的責務の内容について補足しておきたい。側生組織が慣習や習慣，社会制度等の外的な要因に規制されているのに対して，階層組織は内部規律を自ら発展させ，維持しなければならないとBarnard（1948）が指摘する通り（p. 152, 翻訳書，151-152 頁），法や道徳などの社会的規範のみならず，むしろそれ以上に，組織内で確立された規範の遵守が階層組織の成員に期待されると考えられる。このためすべての組織成員は，その階層に関わらず，組織固有の規範に関する包括的責務を負っていることに留意しておく必要があろう。一方，階層的コミュニケーションの当事者は，その関係が垂直的なため上位者と下位者に分かれ，共通目的に基づく個別的な責務にも両者で差異が生じると考えられる。もちろん，状況により上位者の立場に置かれたり（最下層の組織成員を除く），下位者の立場に置かれたり（最上位の組織成員を除く）するであろうが，いずれに立つかで責務の内容やアカウンタビリティのあり方は大きく異なってくると言えよ

う。したがってここでは，階層的コミュニケーションの中でなされるアカウンタビリティに基づく説明について，上位者と下位者それぞれの立場から検討していく。

　まず，下位者の責務には，上位者の命令にしたがうことが含まれ，職務として受容した命令に基づく行為を遂行し，説明がなくとも行為の結果が明らかな場合を除いて，上位者への結果説明を行うことがあらかじめ期待されると考えられる。また，命令違反や目標未達と認められる時には，下位者はその責任を問われ，理由説明を求められることになろう。したがって長期にわたり継続する階層的コミュニケーションでは，下位者としての職務に関するアカウンタビリティに基づく説明が，継続的に行われると言えよう。

　では，上位者の下位者に対する責務は何か。Barnard（1938）にしたがえば，下位者の期待には，理解可能で，共通目的に反せず，自己の個人的利害と両立し，精神的にも肉体的にもしたがい得る命令（p. 165, 翻訳書, 173頁）が下されることが含まれると考えられる。したがって，下位者にとって受容可能で，共通目的（上位目的）の達成に意味のある発令を行うことが上位者の責務と言え，これは目的と目標の定式化に関する管理職能（Ibid., p. 231, 翻訳書, 241頁）に関わる管理的意思決定（Ibid., p. 193, 翻訳書, 201頁）に相当すると解釈できる。また上位者は，発令に際し命令の内容に加えその意義を説明することがあろうし，下位者が命令を受容できないと主張することがあれば，発令の理由について説明することになろう。こうした説明は，貢献意欲を引き出すための説得（Ibid., pp. 149-153, 翻訳書, 155-159頁）とみなすことも可能だが，責任過程に照らせば，上位者の管理的意思決定に関するアカウンタビリティに基づく説明として理解できよう。

　以上の考察より，協働におけるアカウンタビリティとして，以下の四つの類型が導かれるであろう。
　(1)　包括的責務のアカウンタビリティ
　　　社会的規範や組織固有の規範に基づく包括的責務に関して，責任を問われた場合に，自らの行為の理由説明をなそうとする態度。
　(2)　側生的合意のアカウンタビリティ

　　他者との自由な合意に基づく個別的責務に関して，継続的に，自らの
　行為の結果説明と理由説明をなそうとする態度。

(3)　階層的職務のアカウンタビリティ

　　階層組織の上位者の命令に基づく職務に関して，継続的に，自らの行
　為の結果説明と理由説明をなそうとする態度。

(4)　管理的意思決定のアカウンタビリティ

　　階層組織の共通目的に基づく管理的意思決定に関して，継続的に，自
　らの行為（管理的意思決定）の結果説明と理由説明をなそうとする態
　度。

V．おわりに

　本稿の考察を通じて，協働におけるアカウンタビリティに複数の類型がみ
られることが導かれた。一方，上述した会計学におけるアカウンタビリティ
の通説的解釈は，四つの類型のうち(3)階層的職務のアカウンタビリティに含
まれるものと言え，したがって会計学が研究対象としてきた会計実践は，階
層組織の下位者のアカウンタビリティに位置付けられてきた可能性がある。
本稿で得られたアカウンタビリティに関する理解を，財務会計や管理会計に
加え，環境会計，社会責任会計，内部統制報告などのアカウンタビリティに
かかる実践に適用して検証していくと同時に，協働の観点からの新たな会計
研究の可能性を模索していくことが，本研究の次なる課題である。

　最後に，協働における会計の意義への接近にあたって検討しなければなら
ないが，本稿では論じられなかった問題についてふれておきたい。それは，
経営者観に関する問題である。上述したスチュワードシップ仮説は，経営者
を財産受託者（スチュワード）とみなすが，現実の大規模協働における経営
者は，より複雑な責任を担うと考えられる。このため，かかる責任を協働の
観点から理解し，経営者の主体的応答の客体化に必要なアカウンタビリティ
を明らかにすることが，会計の意義と限界への接近に不可欠と言えよう。

注

1） 戦後，会計学を内包していたドイツ経営経済学の影響が弱まり，それを内包しないアメリカ経営学の影響が強まったことを主要因とする見解が通説のようだが（片岡 2017；森 2003），本稿の問題意識は，協働の観点から会計を論じる必要性にある。

2） ドイツ経営学（経営経済学）とアメリカ経営学（経営管理学）の統一的理解を目指した山本（1961）は，経営に固有の職能である会計を経営学の対象とするが，それを成果計算（経済的計算）とみなしている点は（307-309 頁），経営経済学が対象とした企業計算と同様と言える。また，Barnard（1938）の組織の理論から管理会計の本質に迫った近藤（1974）も，計算機能の側面の考察にとどまっていると考えられる。

3） スチュワードシップ仮説に依拠する理由については，坂井（2020, 28-29 頁）を参照。

4） 経営学研究では，アカウンタビリティを結果責任に位置付ける見解がみられる。クーンツ・オドンネル（1965, 83 頁），谷口（1990, 29 頁），森本（1994, 31 頁）を参照。

5） 蓮生（2010, 15 頁）は，アカウンタビリティが二段階の説明に区分できることを指摘している。また，応答責任論において，アカウンタビリティは責任の中核的要素に位置付けられている。Takikawa（2009, p. 76），蓮生（2011, 7 頁）を参照。

6） 共通目的をもたない側生組織は公式組織の要件を欠くことになるが，田中（1993）は，共通目的がなくとも合意により行為の意識的な調整が可能であることを論拠として，公式組織の三要素の一つを「目的の共有または合意の成立」に変更することを提唱している（86-90 頁）。

7） 側生組織と階層組織の関係について，村田（1984）は，意識的に調整された人間の活性の場である側生組織は公式組織にあてはまるとした上で，側生組織が形成される始まりの時期は未だ非公式組織の段階であり，人と人との相互作用がやがて創造的な調整に導かれることで，次第に公式組織へ移行すると述べ（141-142 頁），非公式組織から公式組織に移行する過渡期に現れる組織形態に側生組織を位置付けている。これに対して小泉（1995）は，側生組織と階層組織を「組織の編成原理」として見立てることを提案し，側生的要素と階層的要素が均衡する組織（混合型）があり得るという見解を示している（136 頁）。小笠原（2004）はこれらの見解をさらに発展的に論じ，側生組織と階層組織が本質的側面で相互移行的であること，継続的事業経営システムにおいては側生組織が階層組織の周辺だけでなくその内部にも形成されること，したがって現実の大規模協働の組織は階層的調整（垂直的かつ権威的調整）に加え側生的調整（水平的かつ交渉的調整）がなければ成立し得ないことを導き出している（236-237 頁）。

参考文献

Barnard, C. I. (1938), *The Functions of the Executive*, Harvard University Press.（山本安次郎・田杉競・飯野春樹訳『新訳 経営者の役割』ダイヤモンド社，1968 年。）

Barnard, C. I. (1948), "On Planning for World Government," *Organization and Management*, Harvard University Press.（小泉良夫訳「世界政府の計画化について」飯野春樹監訳『組織と管理』文眞堂，1990 年。）

Bird. P. (1973), *Accountability: Standards in Financial Reporting*, Haymarket Publishing Limited.

Ijiri, Y. (1981), *Historical Cost Accounting and Its Rationality*, The Canadian Certified General Accountants' Research Foundation.

Takikawa, H. (2009), "Conceptual Analysis of Accountability: The Structure of Accountability in the Process of Responsibility," in Kayuma, S. and Fowler, R. M. (eds.), *Envisioning Reform: Enhancing UN Accountability in the Twenty-first Century*, United Nations University Press.

飯野春樹（1978），『バーナード研究』文眞堂。

石原裕也（2018），「わが国会計理論における会計責任と受託責任——受託責任の由来と意味」安藤

英義編『会計における責任概念の歴史——受託責任ないし会計責任』中央経済社。

井尻雄士 (1976),『会計測定の理論』東洋経済新報社。

大庭健 (2005),『「責任」ってなに？』講談社。

小笠原英司 (2004),『経営哲学研究序説——経営学的経営哲学の構想——』文眞堂。

小笠原英司 (2017),「経営学とは何か——領域学か,ディシプリンか——」『経営論集』第 64 巻第 4 号,225-246 頁。

片岡信之 (2017),「日本における経営学の歴史と現在」『経営論集』第 64 巻第 4 号,45-79 頁。

椛田龍三 (2018),「英米における受託責任（会計責任）概念の系譜」安藤英義編『会計における責任概念の歴史——受託責任ないし会計責任』中央経済社。

クーンツ,H.・オドンネル,C.／大坪檀訳 (1965),『経営管理の原則Ⅰ　経営管理と経営計画』ダイヤモンド社。

小泉良夫 (1995),「バーナード理論研究余滴：側生組織概念の誕生」『社会情報』第 4 巻第 1 号,121-137 頁。

國部克彦 (1996),「複合概念・複合現象としてのアカウンタビリティ」『會計』第 149 巻第 2 号,188-200 頁。

近藤恭正 (1974),「管理会計の基礎に関する一考察——バーナード理論に関連して——」『會計』第 106 巻第 1 号,94-106 頁。

坂井恵 (2020),「会計の性質と機能——信頼形成のための責任実践として——」『千葉商大論叢』第 57 巻第 3 号,27-44 頁。

高松正昭 (2000),『現代財務会計の思想基盤』森山書店。

瀧川裕英 (2003),『責任の意味と制度—負担から応答へ』勁草書房。

田中求之 (1993),「合意と目的——側生組織と公式組織理論の整合性」『經濟論叢』第 152 巻第 3 号,226-241 頁。

谷口照三 (1990),「経営存在と経営責任——経営戦略論から経営責任論へ——」『総合研究所報』第 16 巻第 1 号,25-31 頁。

友岡賛 (2012),『会計学原理』税務経理協会。

蓮生郁代 (2010),「アカウンタビリティーの意味：アカウンタビリティーの概念の基本的構造」『国際公共政策研究』第 14 巻第 2 号,1-15 頁。

蓮生郁代 (2011),「アカウンタビリティーと責任の概念の関係：責任概念の生成工場としてのアカウンタビリティーの概念」『国際公共政策研究』第 15 巻第 2 号,1-17 頁。

村上伸一 (2004),「バーナード理論と組織構造形態論——コミュニケーション・ネットワークとしての組織の形態」『桃山学院大学経済経営論集』第 46 巻第 3 号,147-168 頁。

村田晴夫 (1984),『管理の哲学』文眞堂。

森哲彦 (2003),「経営経済学研究の復権」『人間文化研究』第 1 号,17-28 頁。

森本三男 (1994),『企業社会責任の経営学的研究』白桃書房。

山本安次郎 (1961),『経営学本質論』森山書店。

吉田寛 (1975),「社会的責任と会計責任」同志社大学会計学研究室編『会計学批判』中央経済社。

7 ノーマル・アクシデント理論と高信頼性理論の「技術観」

杉 浦 優 子

I. はじめに

　組織事故に対する二つの理論，すなわち，ノーマル・アクシデント理論（Normal Accident Theory：NAT）と，高信頼性理論（High Reliability Theory：HRT）に関しては，すでに多くの学会で取り上げられており，経営学史学会でも，これらの理論の紹介ならびに両者の対立と協調等の詳細な研究が発表されている（例：藤川 2014a 参照）。両理論については，依然として両者の主張が対立しどちらがより優れていると判断することのできない「行き詰まり」（Rijpma 2003, p. 43）状態との見方がある。その一方で，後述するように両理論の統合の可能性を模索し，統合案を提示しようとする動きがある（Shrivastava, Sonpar and Pazzaglia 2009；藤川 2014a, 2014b, 2015 等参照）。後者については，組織事故の原因と対策についての包括的理論を提示するための統合（案）と推察できる。しかしながら，NAT と HRT の議論が「行き詰まり状態」にあると見なすのか，「統合可能」と見なすのかでは，組織事故研究における両理論の位置づけや，理論の運用はまったく異なってくる。さらに，統合することにより弊害が生じる可能性もある。

　Rijpma が記しているように，NAT と HRT の論争に新たな進展を加味し，自分たちが現在どこに立っているのかを確認すること（Rijpma 2003, p. 37）は重要である。本稿では，両理論の「技術観」を手がかりに，両者の「統合の可能性」について再検討し，両理論をどのように把握すべきか，組織事故研究における両理論の位置づけを明らかにする。また，両理論を統合

することの問題点について触れる。さらに，今後の方向性を示す。

Ⅱ. ノーマル・アクシデント理論と高信頼性理論の概説

　NAT の代表的な研究者である Charles Perrow は，複雑な相互作用とタイト・カップリングというシステム特性が，頻度としては極まれであったとしても必ずアクシデントを引き起こすと主張する（Perrow 1984, 1999）。Perrow は，それを，ノーマル・アクシデント（Normal Accident），あるいは，システム・アクシデントと呼び，どんな安全装置を用いたとしても避けられないアクシデントがあることを示唆するハイ・リスク・テクノロジーの特徴を，その著書，*Normal accidents* の中で詳説している。NAT によると，複雑な相互作用とタイト・カップリングという特性を持つシステムは，失敗から回復することはできないのである（Perrow 1984, 1999）。

　他方，HRT とは，「事故の危険性が高い状況下にありながらも高い信頼性を保っている組織に分析対象を限定した，組織論の一分野である」（藤川 2015, 7 頁）。HRT が分析対象としている「高信頼性組織」とはどのような組織なのか。Weick and Sutcliffe によると，高信頼性組織とは，常に過酷な条件下で活動しているにもかかわらず，事故発生件数を標準以下に抑えている組織である（Weick and Sutcliffe 2001, p. 3, 翻訳書，5 頁）。この高信頼性組織の特徴として，彼らは，①失敗から学ぶ，②単純化を避ける，③オペレーションを重視する，④レジリエンス（復旧能力）を高める，⑤専門知を尊重する，の 5 つを挙げ，これらが相まって，事故を防止できる「マインド」が高まる（マインドフルネス）としている（Weick and Sutcliffe 2001, p. 10, 翻訳書，14-15 頁：2015）。HRT では，完全なシステムなど存在しないという事実を十分理解した上で，失敗から学習し認知を複雑化するなどの予防的活動をレジリエンスや専門知を重んじることで補完し，アクシデントを防ぐことができると考えている（Weick and Sutcliffe 2001, pp. 14-15, 翻訳書，21 頁：2015, p. 12, 翻訳書，11 頁）。

　このような両理論であるが，藤川（2014a）によると，高信頼性組織研究は，NAT に対する批判から誕生しており，両理論は，対立期を経てその

後，協調期を迎えている。両者の協調への動きが活発となったのは，HRT
を提唱するものの中立的な立場をとっている Karl E. Weick の研究が端緒と
なっており，Weick はマインドフルネスによってアクシデントを未然に防
ぐことができるが，マインドレスならばアクシデントに波及する，と考えて
いる（藤川 2014a, 103-111 頁）。

Ⅲ．ノーマル・アクシデント理論と高信頼性理論の統合

　ところで，組織学を提唱している岸田（2005, 2009, 2014）は，異なった
視点を持つ様々な理論を，二つの方法を用いて統合することの重要性を説い
ている。それらは，「共時的統合」と「経時的統合」である。「共時的統合」
では，例えば，虚数と実数から数が構成されるというように，正反対の性質
を持つ理論を，一つ次元を上げることで下位システムを含む全体として同時
に表現することができる（岸田 2009, 265 頁；2014, 56 頁）。他方，「経時的
統合」とは，「正反対の因果関係を，時間の経過に沿って繰り返されるサイ
クルと考えて，同じレベルで統合するもの」（岸田 2005, 269 頁）であり，
「正反対の因果関係を持つパラダイムは，この因果関係が時間の順序に沿っ
て繰り返されるなら，逐次的な時間の経過に沿って経時的に統合することが
できる」（岸田 2005, 268 頁）。
　藤川（2014a）では，NAT と HRT の「統合」の可能性について触れてい
る。さらに，HRT の立場からの統合を試みる研究もいくつか存在する（藤
川 2014a, 2014b, 2015；Shrivastava, Sonpar and Pazzaglia 2009 等参照）。
　これらの研究では，人の失敗や問題解決といった「時間次元」を用いて両
理論の統合が試みられている。岸田の統合理論は，時間次元にかかわる二つ
の方法を利用しているという特徴がある。経時的統合が時間次元を用いた統
合であるのに対し，共時的統合は時間次元を用いない。そこで，本稿では，
岸田の統合理論を参照し，両理論の統合の可能性や問題点について考察を行
う。

Ⅳ．ノーマル・アクシデント理論と高信頼性理論の共時的統合

　Perrow の著書, *Normal accidents*（1984, 1999）では，様々なアクシデントに関する記述がある。その原因要素の一つとして，オペレーター・エラーが挙げられており，一般的に，アクシデントの約 60〜80 パーセントは，この要因に帰される，とされている（Perrow 1984, p. 9, 1999, p. 9）。また，アクシデントから学習し，複雑さとタイト・カップリングをかなり削減している事例もある。オペレーター・エラーの削減，アクシデントからの学習など，NAT は，HRT の成果を認めてはいる。さらに，Perrow（1999）は，システムをより安全にすることができるか否かの特性を考え，①エラー回避システム，②エラー誘発システム，③エラー中立，に分類し，以下のように記している。エラー回避システムに分類される航空輸送システムでは，タイト・カップリングを削減し，衝突を激減させている。この観点からすると，HRT と NAT は相容れないのではなく，相互に情報交換できる。システム特性の精査，要するに，「システム・アクシデントの状況適合理論が必要」である，と（Perrow 1999, pp. 371-372）。この意味で，NAT の立場において，両者の共時的統合は可能である。

　他方，HRT の立場からも，両者の共時的統合が試みられている。ここでは，藤川（2014b）の共時的統合の図を以下に示す。

図1　ノーマル・アクシデント理論と高信頼性理論の共時的統合

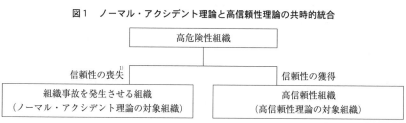

（出所）　藤川（2014b），106 頁。

V．ノーマル・アクシデント理論と高信頼性理論の経時的統合

　Shrivastava, Sonpar and Pazzaglia（2009）は，NAT と HRT が，アクシデントをそれぞれ異なる時点で見ていると指摘する。そして，人の失敗や問題解決といった「時間次元」を導入することで，NAT と HRT の論争の解決を試みている（Shrivastava, Sonpar and Pazzaglia 2009, p. 1357）。

　しかしながら，Perrow（2009）は，Shrivastava, Sonpar and Pazzaglia（2009）の論文について，以下のように批判している。NAT はシステムに焦点を合わせており，人間の行動という「時間次元」とは何ら関係ない。したがって，人間の行動に焦点を合わせている理論（HRT）との和解は必要ない。NAT は，HRT が推奨するすべてのことに従ったとしても，そしてたとえマインドフルであったとしても，まだ，別にアクシデントの原因がある，と言っているのである，と（Perrow 2009, pp. 1391-1392）。Perrow のこの批判によるならば，NAT は，両理論の「経時的統合」については否定していることになる。

Ⅵ．考　　察

　NAT と HRT の双方が歩み寄り，統合の必要性を認識している（藤川 2014a）との見方はある。しかしながら，両理論において相当の隔たりがある。

　HRT の立場では「共時的統合」と「経時的統合」の両方の統合が可能と考えられている。他方，NAT の立場では，「共時的統合」が可能であっても，「経時的統合」はあり得ない。この両者の違いは，どこから生じるのか。

1．高信頼性理論の技術観

　NAT と HRT の協調や統合を考える場合，藤川（2014a）も指摘しているように，Weick が重要な役割を果たしている。

　Weick は，技術に関して以下のように述べている。新しい技術，たとえ

ばコンピューターを用いるような複雑な生産システムは，管理者やオペレーターにとって，通常とは違う問題を作り出す。新しい技術とその影響を理解するためには，既存の概念を補足する必要がある，と（Weick 1990, p. 1）。

　新しい技術について説明するために，Weick は，まず，技術の定義についていくつか示した上で，Berniker の，手段についての知識の一群，われわれの行動の原因と結果の関係についての知識（Berniker 1987）[2]，という定義に着目している。その上で Weick は，以下のように続ける。新しい技術は，個人やチームの頭の中に知的に展開している目に見えない想像されたプロセスだけでなく，現に展開する目に見えない物質的なプロセスでもある。新しい技術は，オペレーターが工場の床で行っているのと同じように，オペレーターの頭の中に存在する，と（Weick 1990, pp. 16-17）。そして，Weick and Sutcliffe は，専門家一人一人の知識や経験が限られていたとしても彼らが専門知を創発することにより，たとえシステムの因果関係に対する完全な理解がなくとも，信頼性を高める特徴的な事象で代用し危機に対処することが可能であると考える（Weick and Sutcliffe 2015, pp. 116-128, 翻訳書，122-134 頁）。つまり，Weick たちの考え方によると，たとえ技術を完全に理解することができなくとも，人々が創発する専門知によって，すなわち人々の力で，混乱なく瞬時に対処することが可能である，ということになる。

2．ノーマル・アクシデント理論の技術観

　他方，Perrow は，「道具や機械装置の助けを借りるかどうかにかかわらず，対象を変えるために個人がその対象に行う諸活動」（Perrow 1967, p. 195），というように技術を定義している。岸田も指摘しているように，Perrow の技術概念は，認知や知識に関わる人間の問題解決活動と深い関連がある（岸田 1985, 69 頁）。また，Perrow は，技術について以下のように捉えている。技術のいくつかは，破滅的な状況で，我々の理解力や制御を超える。危機に直面したとき，誰もその相互作用を理解できず，何をすべきか分からない。システムがタイトに連結されている（タイトリー・カップルド・システム）ため，プロセスが急速に起こり，止めることができない。回

避できないリスクがあらゆる便益にまさるシステムを，我々は，断念し放棄すべきである，と（Perrow 1984, 1999）。

　両理論とも，認知，知識，人間の問題解決活動に着目している。それにもかかわらず，技術について，HRT が，完全に理解していなくとも人の力でただちに制御可能と捉えているのとは対照的に，NAT では，完全に理解することはできないし迅速に対処することもできないと考える。ここで，ある疑問が生じる。両者が見ているものは，本当に同じなのか？

3．エンジニアリングの立場からの示唆

　では，技術を実際に扱う立場からは，両理論がどのように見えているのかを探ってみることにする。NAT と HRT の論争に，エンジニアリング（Engineering）の立場から参入しているのが，Leveson, Dulac, Marais and Carroll である。彼らは，NAT と HRT の「安全性」への貢献を大いに評価してはいる。しかしながら，以下のように指摘している。NAT と HRT の両理論とも長所と短所がある。どちらか一方が勝っているとか，より包括的な理論へと両理論を統合するとかによって，この論争を解決するような体系的な分析アプローチがなさそうであることに大きな不満を感じる，と（Leveson et al. 2009, pp. 228-229）。実際，彼らはその論文の中で新たなアプローチを提示し，「より生産的な 3 者間会話」（Leveson et al. 2009, p. 228）を目指しているのだが，Leveson et al. がエンジニアリングの立場から両理論をどのように分析しているのかを以下で詳しく見ることにする。

　Leveson et al.（2009）は，複雑性に関する Perrow の基本的な議論は明白で正しいようだ，との判断を下している。より複雑なシステムの事故率が高いのは，システムにおける相互作用の可能性を徹底的に計画し理解し予想し予防することができないからである。それらは，エンジニアが頭で理解し管理できる能力を超えており，危機的状況下では，オペレーターが操作することも，より一層困難になるだろう。実際，たいていのハイ・リスク・システムには，完全な技術知識は存在しない，と（Leveson et al. 2009, pp. 230-238）。

　しかしながら，Perrow の議論は不十分で，二つの重大な問題があること

を指摘している。まず，ハザード（Hazard），すなわち，危険性や有害性が異なるシステム同士の比較が行われていること，そして，Perrow の次元に沿った産業分類が間違っていることである。複雑性やカップリングには多くの異なるタイプがあるにもかかわらず，Perrow は，それらを単純化しすぎている。また，ある特定の産業に属する全システムの相互作用とカップリングの程度が同じであると分類しているが，それは間違いであり，それらの産業で見られる実際のデザインと一致しない（Leveson et al. 2009, pp. 230-231）。

　他方，HRT にも大きな問題があることを指摘している。HRT の最も重大な欠点は，特性を慎重に定義せずにタイトに連結されたシステム（タイトリー・カップルド・システム）として誤分類していることである。彼らが研究したほとんどの工学システムのデザインは，相互作用が複雑でもないしタイトに連結しているのでもない。安全性を高める上での冗長性（Redundancy）の役割は，NAT と HRT の対立点であるが，問題は，NAT と HRT が完全に異なるタイプのシステムについて論じていることである。Perrow は，複雑でタイトに連結されたシステム（タイトリー・カップルド・システム）でのデザイン・エラーの可能性について議論している。冗長性は，システム・デザイン・エラーを防止しないだけでなくアクシデントのリスクを高める可能性がある，という Perrow の主張は正しい。それに対し，HRT における冗長性が有効な例は，むしろ，ルースに連結されたシステム（ルースリー・カップルド・システム）におけるものである。つまり，HRT は，受容可能な安全レベルを達成する可能性について多くの提案をしているが，彼らの提案のほとんどは，相互作用が複雑でタイトに連結された，多様で時には競合する目標があるハイ・テク・システムに適用することはできない（Leveson et al. 2009, pp. 231-241）。

4．統合は可能か？

　岸田（2014）は，経時的統合の例として，正反対の因果関係を持つ二つの理論，すなわち，人間→組織→環境という Organizing の理論と，環境→組織→人間という Organized の理論の統合を挙げている。この例では，

Organizing の理論のアウトプットと Organized の理論のインプットがつながれば因果関係の循環が完成するとされている（岸田 2014, 55 頁）。これに従えば，HRT のアウトプットと NAT のインプットが，あるいは，NAT のアウトプットと HRT のインプットがつながれば経時的統合が成立することになる。HRT の立場では，HRT の推奨することができない，すなわち，信頼性の喪失のためにアクシデントが起こると考えている（HRT のアウトプット＝ NAT のインプット）。また，複雑な相互作用とタイト・カップリングというシステム特性があったとしても，HRT が推奨することを行えばアクシデントを避けることができると考える（NAT のアウトプット＝ HRT のインプット）。したがって，HRT の立場からは，経時的統合が可能，ということになる。

　しかしながら，Leveson et al. は，NAT と HRT が完全に異なるタイプのシステムについて論じていると明言する（Leveson et al. 2009, p. 234）。NAT が相互作用の複雑な，タイトリー・カップルド・システムについて論じているのに，HRT は，実際は，相互作用が比較的単純な，ルースリー・カップルド・システムについて論じていたことになる。NAT と HRT が同じシステムを見ているという前提であれば，経時的統合の可能性はあるかもしれない。しかしながら，両者が見ているシステムは同じものではない。別のものである。まったく別のシステムを見ている両理論を因果関係の循環として，経時的に統合することはできない。

　では，共時的統合は可能なのか。この点に関しても，HRT の立場から行われている共時的統合，すなわち，同じシステムを見ているという前提でマインドフルネスか否かに分けるのではなく，NAT と HRT がまったく別のシステムを見ていることを明確にした上での共時的統合が必要になる。

　NAT は，人が制御することができないという技術観で，相互作用の複雑な，タイトリー・カップルド・システムを見ている。HRT は，人が制御することができるという技術観で，相互作用が比較的単純な，ルースリー・カップルド・システムを見ている。この点を曖昧にしたまま両理論を統合しようとすることは，NAT の主張，すなわち，複雑な相互作用とタイト・カップリングというシステム特性が，頻度としては極まれであったとしても

必ずアクシデントを引き起こす（Perrow 1984, 1999）という主張を否定していることになる。また，複雑な相互作用とタイト・カップリングという特性を持つシステムであっても，HRT の推奨項目を実施すれば事故は避けられるという誤った認識を生じさせることになる。結果として事故は起こり，両理論を「統合」する本来の目的は達成されない。

　両理論にとって必要なのは，理論の適用範囲を明確にすることである。「システム・アクシデントの状況適合理論が必要」（Perrow 1999, p. 372）との Perrow の言葉は，このことをも意味している。

Ⅶ．おわりに

　NAT と HRT の議論は，理論の適用範囲を明確にしていくのであれば，前進する可能性はある。その際，共時的統合が一つの手段となる。

　また，本稿では，NAT と HRT に着目したが，Leveson et al.（2009）が指摘しているように，両理論とも不完全で大きな欠点を抱えている。彼らによれば，両理論ともアクシデントは構成要素の欠陥から生じていると仮定しているが，これらの前提は正しくない。複雑なシステムでは，設計者がすべての相互作用を把握できなければ，欠陥がなく完全に機能していても構成要素間の相互作用の結果，アクシデントは生じる（Leveson et al. 2009, p. 234）。つまり，両理論が前提としていないところでもアクシデントは生じるのである。「組織事故」という，「技術」に関する問題を扱っているにもかかわらず，従来のように社会科学領域だけで議論していてはもはや不十分である。Leveson et al. は，社会学者とエンジニアが，より密接に連携する必要性も説いている（Leveson et al. 2009, p. 227）。組織事故の問題は，工学領域も含めた学際的な議論が必要な段階に入ってきているのではないだろうか。

謝辞
　本稿の執筆にあたり，第 28 回全国大会チェアパーソンの藤沼司先生（青森公立大学），山下剛先生（北九州市立大学），そして匿名レフェリーの先生より，示唆に富む貴重なコメントをいただきました。ここに記して感謝の意を申し上げます。

注

1）　ただし，NAT の立場からも HRT の立場からも共時的統合が可能であったとしても，NAT では，「信頼性の喪失」・「信頼性の獲得」という区分は当然考えていない。NAT に基づくならば，HRT が「信頼性を獲得した」と考えている組織であったとしても，複雑な相互作用とタイト・カップリングというシステム特性があればいつか必ずアクシデントを引き起こすので，それは NAT の対象組織である。

2）　Berniker, E. (1987), "Understanding Technical Systems," Paper presented at Symposium on Management Training Programs: Implications of New Technologies, Geneva, Switzerland, Nov., p. 10.

参考文献

Leveson, N., Dulac, N., Marais, K. and Carroll, J. (2009), "Moving Beyond Normal Accidents and High Reliability Organizations: A Systems Approach to Safety in Complex Systems," *Organization Studies*, Vol. 30, issue 2-3, pp. 227-249.

Perrow, C. (1967), "A Framework for the Comparative Analysis of Organizations," *American Sociological Review*, Vol. 32, No. 2, pp. 194-208.

Perrow, C. (1984), *Normal accidents: living with high-risk technologies*, Basic Books.

Perrow, C. (1999), *Normal accidents: living with high-risk technologies: with a new afterword and a postscript on the Y2K problem*, Princeton University Press.

Perrow, C. (2009), "What's needed is application, not reconciliation: A response to Shrivastava, Sonpar and Pazzaglia," *Human Relations*, Vol. 62 (9), pp. 1391-1393.

Rijpma, J. A. (2003), "From deadlock to dead end: The normal accidents-high reliability debate revisited," *Journal of Contingencies and Crisis Management*, Vol. 11 (1), pp. 37-45.

Shrivastava, S, Sonpar, K. and Pazzaglia, F. (2009), "Normal Accident Theory versus High Reliability Theory: A resolution and call for an open systems view of accidents," *Human Relations*, Vol. 62 (9), pp. 1357-1390.

Weick, K. E. (1990), "Technology as Equivoque: Sensemaking in New Technologies," in Goodman, P. S., Sproull, L. S. and associates, *Technology and Organizations*, Jossey-Bass, pp. 1-44.

Weick, K. E. and Sutcliffe, K. M. (2001), *Managing the unexpected: assuring high performance in an age of complexity*, Jossey-Bass. （西村行功訳『不確実性のマネジメント：危機を事前に防ぐマインドとシステムを構築する』ダイヤモンド社，2002 年。）

Weick, K. E. and Sutcliffe, K. M. (2015), *Managing the unexpected: sustained performance in a complex world, Third edition*, John Wiley & Sons. （中西晶監訳／杉原大輔ほか高信頼性組織研究会訳『想定外のマネジメント［第 3 版］──高信頼性組織とは何か──』文眞堂，2017 年。）

岸田民樹（1985），『経営組織と環境適応』三嶺書房。

岸田民樹（2005），「現代経営組織論──多元的傾向と統合的枠組み──」岸田民樹編『現代経営組織論』有斐閣，265-273 頁。

岸田民樹（2009），「組織学への道」岸田民樹編著『組織論から組織学へ──経営組織論の新展開──』文眞堂，255-269 頁。

岸田民樹（2014），「組織生成と構造統制──Organizing と Organized──」岸田民樹編著『組織学への道』文眞堂，30-60 頁。

藤川なつこ（2014a），「高信頼性組織研究の展開──ノーマル・アクシデント理論と高信頼性理論の対立と協調──」経営学史学会編『経営学の再生──経営学に何ができるか──（経営学史学会

　　年報 第 21 輯)』文眞堂，101-115 頁。

藤川なつこ（2014b），「高信頼性組織の構造統制と組織化──ノーマル・アクシデント理論と高信
　　頼性理論の統合的考察──」岸田民樹編著『組織学への道』文眞堂，92-117 頁。

藤川なつこ（2015），「高信頼性組織研究の理論的展開──ノーマル・アクシデント理論と高信頼性
　　理論の統合の可能性──」『組織科学』第 48 巻第 3 号，5-17 頁。

8　日本におけるバーナード理論の受容と展開

櫻　田　貴　道

磯　村　和　人

Ⅰ．イントロダクション

　本研究の目的は，バーナード理論が日本の経営学にどのようなインパクトをもたらしたのかを考察することにある。そのために，「なぜ，日本においてバーナード理論が積極的に受容され，発展してきたか」を検討する。実際，原澤（1988）や村上（1996）は，海外と比較しても，日本のバーナード研究が質量ともに充実しているのではないかという見解を示している。しかし，「本当に量的，質的に海外の研究を圧倒しているといえるか」。また，「もしそうなら，どのようにそういえるか」。本研究では，体系的に文献レビューを実施し，これらのリサーチクエスチョンに対する解答を探るなかで，バーナード理論が日本の経営学にもたらしたインパクトを明らかにする。

Ⅱ．研究方法

　本研究は以下の方法によって行う。第1に，バーナードに関する翻訳書，入門書，研究書などの出版を時系列で確認することで受容プロセスを明らかにする。第2に，バーナード理論に関する研究蓄積を量的に調査する。具体的には，論文検索システム CiNii を活用し，タイトル，サブタイトルに「バーナード」という言葉を含む著書と論文の数を特定し，海外と比較する。第3に，バーナードの主著である『経営者の役割』の書評を特定し，バーナード理論がどのように評価され，課題が示されているか，を分析す

る。これらのプロセスから，なぜ，バーナード理論が受容，発展されたか，仮説を導く。第4に，日本におけるバーナード理論の研究動向をレビューした文献を検討し，バーナード研究がどのように進められてきたか，その全体像を把握する。その上で，仮説に基づいて，日本独自のバーナード研究がどのように形成されてきたか，文献レビューを実施する。最後に，これらの研究結果がもつインプリケーションを提示する。

Ⅲ. バーナード理論の受容

　バーナード理論が受容されたプロセスを明らかにするために，どのようにバーナードの著作の翻訳書，入門書，研究書，雑誌特集が出版されたかを確認する。バーナードに関する研究は，馬場（1950）がバーナード・サイモン理論を紹介したときに始まった。1956 年に田杉らによって『経営者の役割』が翻訳され，1968 年には山本らによって新訳が出版される。1968年に『経済学論集』（東京大学）で組織論特集が組まれ，バーナード・サイモンの組織論に関するシンポジウム記録が発表された。1972 年に関口らによって『組織と管理』が翻訳され，同年，山本・田杉編『バーナードの経営理論』が出版される。1975 年には『組織科学』でバーナード特集が組まれた。1974 年に日本バーナード協会が設立され，同協会によって，1975 年にウォルフ『バーナード経営学入門』，1978 年に『経営者のこころ』が翻訳される。1979 年には飯野らによって『バーナード 経営者の役割』が入門書として出版された。1986 年にはバーナード生誕 100 周年記念大会が京都大学で開催され，ウォルフ・飯野編『経営者の哲学』，加藤・飯野編『バーナード』などが出版される。1988 年には，飯野編で 100 周年記念大会記録として『人間協働』，1990 年には飯野監訳によって『組織と管理』の新訳が出版された。以上のように，1950 年から 1990 年にかけて，バーナード理論の理解を深め，展開するための基本文献が整備されている。特に，バーナードのインタビューや未刊行の文献を中心に集められた論文集の翻訳出版は，日本バーナード協会とその中心人物の一人である飯野によって主導された。

　これらの調査を踏まえて，仮説 1a「アーカイブズを含めて主著以外の文

献が広く流通することで，受容だけでなく，理論を発展させる研究素材が整備された」，仮説 1b「中核になる研究者が中心になり，研究集団を形成し，研究を推進した」を挙げる。

次に，バーナード研究蓄積を明らかにするために，前節で述べた方法に基づく結果は，表1の通りである（2019年9月1日実施）。年代ごとの推移をみると，著書については1980年代にピークに達し，その後は減少している。論文については，1970年代をピークにして，ゆるやかに減少を続けている。しかしながら，論文の総数は498本あり，書籍もトータルで28冊出版されている。これに対して，海外ではProQuest ABI/INFORMで検索すると論文は54本，書籍はWorldCat Discovery等で検索すると6冊で，論文，書籍ともに日本の方が格段に多く，量的に日本でバーナード研究が盛んであることを確認できる。

表1　バーナードをタイトル，サブタイトルに含む文献数の推移

	1950年代	1960年代	1970年代	1980年代	1990年代	2000年代	2010年代
著書	0	0	6	9	6	5	2
論文	10	34	163	102	80	67	42

続いて，バーナードの主著に対する書評を分析することによって，その理論の評価と課題についてまとめる。その結果は表2のようになった。時期としては，翻訳の出る1956年以前，旧訳が出版される1956年以後，新訳が出版される1968年以後に分かれる。バーナード理論の評価点については科学的であること，体系的であること，一般性をもつこと，理論的であることなどが挙げられる。また，組織の理論が中心になっていることに意義が見出されている。課題点としては，評者によって分かれているが，理論的であるが故に抽象的になり，現実性，歴史性，実際性などが見えにくくなっている点などが指摘されている。

以上から，仮説2「バーナード理論の体系性と論理性が評価され，経営学の基礎理論として受容された」，仮説3「バーナードが組織の理論を提示したことを受けて，その理論展開の可能性が評価された」を挙げる。

表 2　書評の分析結果

	評価点	課題点
古瀬 (1952)	(1) 視点の広さ (2) 科学的厳密性	指摘なし
吉田 (1956)	(1) 徹底的な参与観察法の採用と実践の側からの理論と実践の統一 (2) 体系的理論 (3) 分析学的集団論の適切なモデルケース (4) 小集団ではなく，大集団・第二次集団を分析 (5) すぐれた構造－機能論	(1) 効力と効率 (2) inf. 組織を inf. 伝達によって捉える方針 (3) feedback system としての伝達体制，およびその formal なものと informal なもの（＝陰の政府） (4) for. 伝達体制における authority と inf. 伝達体制における influence (5) 組織の目的を意味内容のみならずむしろ具体的な個々の行為の中に捉える立場 (6) 行為様式やノルムの考え方の欠如（最も大きな欠陥）
黒沼 (1956)	(1) 従来の組織論を克服して新しい社会に適応する組織論を打ち出そうとしたこと (2) マルキシズムの盲点をついたもの	(1) バーナード組織論の背景となっている近代社会と民主主義の理念
青沼 (1956)	(1) 組織の一般理論に立脚した executive processes の科学化 (2) 勝れて理論的	(1) 社会的条件の捨象 (2) 近代社会における階級的関係の無視
原澤 (1970)	(1) 組織についての Formal Theory (2) 抽象度に見合った一般性を結実 (3) システム的把握	指摘なし
逸見 (1970)	(1) 組織の実態の分析を試みた理論的な著作 (2) 組織の一般理論	(1) 組織の本質，存在理由の問題，経営者の役割の問題に関して不十分 (2) 意思決定や伝達の問題に関して組織の人間的特質の面が欠如

Ⅳ．バーナード研究の動向

　表 3 のように，植村（1979），飯野（1979, 1986, 1994），村上（1996），藤井（2006），磯村（2011）という 7 つの文献を検討し，バーナード理論の研究動向について，その全体像を明らかにする。その際，前節で提示した仮説とどのように関係するかを確認する。

　バーナード研究は 1950 年代からであり，先駆者は馬場とされる（植村 1979；飯野 1979, 1986, 1994；藤井 2006；磯村 2011）。飯野（1979, 1986）は，バーナード研究の第 1 世代として，馬場，田杉，山本，占部，三戸を挙げ，バーナード理論をベースに経営の基礎理論を構築する動きとして捉える（仮説 2, 3）。植村（1979）もほぼ同様の評価をしている。飯野（1994）は年代別に研究を追うとともに，バーナード研究が経営学の自立性，独自性の

確立を経て（仮説2），新資料の発掘と利用によって研究の深化を促し（仮説1a），さらに，他研究分野の理論を摂取し，研究の発展につながったことを指摘する。村上（1996）は1970年代から1980年代に組織理論の一大潮流としてバーナード研究があったとしている（仮説3）。藤井（2006）は1950年代半ばから1960年代にかけて，山本，占部，1960年代は，飯野や北野の研究，1968年の新訳の出版という流れで進展，深化し，1970年代から80年代にかけて山本・田杉，占部，飯野による書籍の出版など黄金期を迎えたと述べている。磯村（2011）は，バーナード理論の受容だけでなく，批判も

表3　バーナード研究動向のレビュー

飯野 (1979)	馬場（二重組織論），山本（三層構造論），占部（行動科学，近代組織論），飯野（組織論的管理論），三戸（資本と官僚制の理論を超えた組織の理論），加藤（バーナードとヘンダーソン），眞野（組織経済），川端（組織均衡論の解体），坂井，吉原（道徳的側面への注目），植村（管理論の総合的展開），高澤（文献解題）
植村 (1979)	馬場（先駆的なバーナード研究，バーナード・サイモン理論，組織の全過程に関する理論），山本（三層構造理論，行為主体の論理に基づいたもっとも本格的な経営管理論），三戸（現実の組織社会における組織と個人の問題を解決する理論として評価），飯野（総合的なバーナード研究，組織論的管理論，責任優先説）
飯野 (1986)	馬場（バーナード・サイモン理論），占部（近代組織論，組織均衡論，意思決定論），山本（経営・組織・管理の三層構造理論），三戸，加藤（バーナードの現代的意義），三戸（官僚制），加藤（方法論），飯野（協働システム急拠導入説，組織論的管理論，責任優先説，三次元道徳性モデル）
飯野 (1994)	第1世代：主著と経営学の体系：馬場（東大経済），占部（神戸経営），山本・田杉（京大経済）；経営学の独自性，自立性 第2世代：飯野（諸資料の発掘と利用，組織論的管理論）ら多数 第3世代：認知された組織科学を前提に諸問題の検討
村上 (1996)	1950年馬場（バーナード理論を最初に展開，組織学として経営学を構想），1956年『経営者の役割』旧訳書がバーナード理論の普及のきっかけとなる 1960年から本格的研究：占部（近代組織論の系譜のなかに方向付ける，組織均衡論，意思決定論などの研究を深める，多くの後継者を育成），山本（三層構造論），1972年田杉と共に『バーナードの経営理論』編纂，1975年組織学会が『組織科学』でバーナード特集号を刊行する，日本バーナード協会（1974年発足，1986年バーナード生誕百年記念で4冊出版，1988年会員70名，1990年新訳版『組織と管理』出版，バーナード学者の筆頭：飯野，加藤，眞野）
藤井 (2006)	受容から深化（50年～60年代）：1950年代，馬場，1956年邦訳出版，1950年代半ば，山本，占部，1960年代，飯野，北野，1968年新訳出版 黄金時代（70～80年代）：1972年山本，田杉『バーナードの経営理論』，1974年占部『近代組織論（I）—バーナード＝サイモン—』，1975年『組織科学』によるバーナード特集，1978年飯野「バーナード研究—その組織と管理の理論—」，1986年日本バーナード協会記念事業 停滞期（1990年代～現在）：1996年加藤『バーナードとヘンダーソン』
磯村 (2011)	受容：馬場（組織論を基礎理論とし経営学の確立を提案，バーナード・サイモン理論），山本（経営学の基礎理論を構築することを主張，三層構造理論，行為主体的なバーナード理論），飯野（組織論的管理論），三戸（全人仮説，パラダイム転換），北野（動的力の統合形成体としての組織，リーダーシップの芸術性），土屋（意思決定システム），占部（近代組織論の創始者，組織論的管理学，記述科学的志向，行動科学），土屋（コンフリクト，組織均衡の理論を展開）　批判：土屋，川端（組織境界），川端（権威受容説批判），鈴木（全体主義的偏向の理論としてイデオロギー的に批判），北野（組織化のプロセスの欠落）　発展：組織の自律性→飯野・加藤（調整主体に関する議論），村田（組織の自律性を主張），吉田（自己組織化），庭本（オートポイエーシス），権威より責任の優先→飯野（責任優先説，三次元道徳性モデル），組織知識論→山本（行為主体の理論），加藤（実務家独特の思考方法，ヘンダーソンと共有），庭本（組織知識論，ナレッジマネジメントの源流）

盛んに行われることで研究の深化が図られ，発展を導いたとしている（仮説1b）。特に，飯野，加藤を中心にアーカイブズを活用し，主著以降のバーナード自身の理論発展を辿ることによってバーナード研究が進んだと論じている（仮説1a）。

V.　バーナード理論の展開

前節での議論を踏まえて，仮説2，3に基づいて，バーナード理論を経営学の基礎理論と位置付ける研究，仮説3に基づいて，バーナードの公式組織概念の発展を図る研究，仮説1aと1bに基づいて，バーナードの基本文献を活用し研究の深化を図る研究を取り上げ，どのようなバーナード理論の展開が図られたか，文献レビューを行う。

第1に，バーナード理論をベースに経営学の基礎理論として確立しようとした研究として，馬場，山本，占部，三戸，加藤，飯野，眞野の所説を取り上げる。馬場（1950）は，経営学において理論的基礎が乏しく，方策論においても方法的知識を欠いているとした。そこで，組織理論を基礎理論に据え，経営学を確立すること，その際に，バーナード・サイモン理論を中心理論にして総合することを提案した。また，山本（1972）は，経営，管理，組織という経営学の基本概念，それらの相互関係を明確に規定することで，経営学の基礎理論を構築する必要性を主張した。このとき，経営（協働）理論，組織理論，管理理論という三層構造からなり，方法的には行為主体的なバーナード理論がその中心になるべきとした。占部は，1950年にドラッカーの著作を通じてバーナードを知り，バーナード理論を伝統理論と区別される近代理論の創始者と位置づけた。主な特徴として，組織論的管理学であること，記述科学的志向をもつこと，人間を能動的な主体として捉える行動科学であるとして，経営学の近代理論の構築を図った（占部 1974）。三戸（1973）は，経済人仮説にかわる全人仮説を打ち立てることで，社会科学のパラダイム転換を図ったものとして評価する。

加藤（1996）は，『経営者の役割』で展開された概念枠組をクーン流のパラダイムとして受容することを主張する。成熟科学が共有する科学構造を

もった「協働の科学」を展開することがバーナード理論の方法論的基盤と捉え，その研究方法をヘンダーソンとの関係を通じて解明している。飯野（1978）は，バーナードは組織を仕事の構造よりも人間行動のシステムとして捉えることを重視する。こうした組織論をベースにして，管理論を展開することから，組織論的管理論と命名した。組織論的管理論とは，人間行動中心的なシステム理論であり，環境のなかで存続，発展するには有効性，能率，道徳性を充足する必要性を提案する理論として体系化を図った。眞野（1987）は，経営を1つの有機体としての全体構造として理解し，独自の価値基準に基づく個別性をもった行動体として解明する必要を提言する。そうした経営理論を構築するために，バーナードの組織経済の理論を中核に据えた。というのは，組織経済の概念は，有機体としての協働システムの経済的側面（経営）の全体を捉えた概念であり，そのバランスを図る行動は経営の行動過程を意味するからである。

　第2に，組織の自律性に注目した研究として，飯野－加藤論争，村田，吉田，山口，庭本，藤井の所説がある。飯野が『バーナード研究』を上梓すると，加藤が書評を行い，公式組織の定義をめぐる議論が展開された。加藤（1978）は，組織目的を通じて2人以上の人々の活動や諸力を調整する主体をシステム自体とすることに疑義を提示した。組織の定義のなかに定義されるべきことが含まれ，トートロジーに陥るとし，consciously を特定の協働システムに貢献する個々の意思決定主体に関わるものという解釈を示した。これを受けて，飯野（1979）は，システムは構成部分の単なる合計ではない一つの全体であるとするシステム論的アプローチを考えた場合に，調整主体をシステムと見ることが妥当であると反論した。この論争は，組織を一つの自律した全体としてどのように調整されるかをめぐる議論である。これらを受けて，村田（1978）はシステムの同型性，相互浸透性，創発性を論じるなかで，システムはそれ自体に目的を内包し，自己組織性をもつとした。人間と組織の意識と非意識，論理と非論理の交錯のなかで組織が意識的にも無意識的にも調整されることで組織が自律化，活性化されることを論じた。

　さらに，吉田（1986）は，バーナード理論は，「総合的な自己組織理論」ともいうべき特性をもつとし，システムに内在する情報による「システム－

環境」の制御と組織化を自己組織化と呼ぶ。こうした理論は，一人の生身の管理者によってトータルに生きられた世界がそのままトータルに表現されることによって可能になったとした。山口（1988）は，システムはそれを構成する部分の単なる合計ではなく，自己言及的であることにシステムの特性があることを指摘した。どのような細部にも全体のミニチュアが入り込む入れ子構造であり，それゆえ，どのような部分をとっても他の部分と密接に意味あるかっこうで結ばれるフラクタルの特徴をもつ。バーナードの公式組織概念は，システムのなかに入って眺める参加的観察者であること，つまり，自分自身を組み入れたシステムの観察者であることから生み出されているという。こうした流れを受けて，庭本（1996）は，バーナードの公式組織を行為点に立って組織貢献者を含めて外部を内部化していれば閉じ，組織に内部的な活動の源泉である個人を外部化したとみれば開いているといえ，自己組織理論，なかでもオートポイエーシスの重要な論点を内包しているとした。内的視点に立つオートポイエーシスの論理と記述方法をとるバーナード理論は人間と組織の相互作用，相互浸透を捉える組織統合のパラダイム構築につながる。藤井（2001）は，つねに今を生き，意思決定に取り組む組織貢献者にとって，時間の経過を無視することはできないという。抽象的な無時間的な時間で外部観察するのではなく，その瞬間を捉えるには内部観察者としてオートポエティックな視点を採用することが必要であり，バーナード理論はこうした視点をベースにしていることを論じている。

　第3に，アーカイブズを活用した研究とともに，主著以外の文献を積極的に活用し，バーナード理論を発展させた研究を取り上げる。また，バーナード理論を中心とした研究者集団が形成され，激しく論争を重ねることによって研究の深化が図られたことを確認する。第1次資料であるアーカイブズを活用した代表的研究としては，飯野，加藤，吉原がある。飯野（1978）は，ローウェル講義の原稿と主著との違いを検討し，どのようにバーナードが思索を深めたかを考察している。特に，ヘンダーソンのコメントを受け，協働システム概念を新たに導入したことを明らかにした。加藤（1996）は，主著の出版までに発表ないしは書かれた未刊行原稿を丹念に辿り，主要概念の形成プロセスを検討し，また，ヘンダーソンとの交流を通じて，バーナードが

研究方法をどのように深めたかを論じている。さらに，吉原（2006）は，1920〜1930年代にハーバードを中心に活躍するバーナード，ドナム，メイヨー，ヘンダーソン，レスリスバーガー，ホワイトヘッド，キャボットという7名の思想家の知的交流について主として往復書簡を活用し，いかに科学者集団として人間協働の科学を構築しているかを考察している。

次に，バーナードの主著だけでなく，『組織と管理』，『経営者の哲学』を活用し，バーナード理論の深化を図った試みを取り上げる。飯野（1978）は，主著以降に発表された文献によってバーナードの思想を跡づけバーナードが権限と責任が同量であるという組織原則を否定し，権限よりも責任を重視した点を論じた。道徳的制度としての組織観からは，責任の方が格段に重要で，人格特性としての責任，あるいは，組織の社会的責任を考察する上で，新しい組織観と組織理論が必要であり，これらの理論を責任優先説と命名した。さらに，飯野はこの考えに基づきバーナード理論の拡張を図り，組織が変化する環境のなかで長期に存続，発展するには，有効性，能率だけでなく，道徳性の充足が必要であると主張し，3次元道徳性モデルを構築した。

庭本（2006）は，バーナードの組織知識論に注目し，行動的知識，個人的知識の重要性を指摘した上で，行動から知識を経て，判断から行動に戻ってくるサイクルを動態的に捉えるモデルを構築した。さらに，M.ポランニーとバーナードとの知的交流について論じ，バーナードをナレッジマネジメント論の源流の一つに位置づけた。Isomura（2019）は，知識と思考（＝意思決定）の関係に注目し，バーナードに基づいて実践家の研究方法，思考方法について論じている。

最後に，日本でバーナード研究が発達する上で，日本バーナード協会の果たした役割も無視できない（日本バーナード協会 1977-1988）。研究会が定期的に開催され，多くの論争が行われることで，バーナード理論への理解は深まり，新しい展開が図られた。また，バーナード研究を深めるための基本文献が出版，翻訳され，研究を進めていく基盤が整備された。協働システムと公式組織の位置づけをめぐって，山本と飯野，公式組織の定義をめぐって，飯野と加藤，権威と責任の概念をめぐって，川端と飯野，公式組織の三要素をめぐって，飯野と平，組織の境界をめぐって，土屋，川端，三戸，中

條，川端，庭本，研究方法をめぐって，吉原と庭本など，日本バーナード協会，経営学史学会，経営哲学学会において議論が活発に行われた（日本バーナード協会 1977-1988；川端 2015）。

Ⅵ. 考察と結論

　イントロダクションで示したリサーチクエスチョンに答える形で，本研究のインプリケーションをまとめる。まず，日本で積極的にバーナード理論が受容，展開された理由として，経営学を独自のディシプリンとして自立させるための基礎理論としてバーナード理論を受け入れたといえる。また，バーナードの公式組織概念が機械的組織よりも自律性をもつ有機的組織である点に注目し，研究が発展してきたと考えられる。次に，海外と比較し，量的にバーナード研究の蓄積があることは確認できた。しかし，質的に優れているかについての評価は簡単ではない。ただし，研究の質を高めるためのインフラが整備されていることを指摘できる。例えば，『経営者の役割』以外のバーナードに関する基本文献が翻訳され，入門書，研究書も充実している。また，未刊行文献や往復書簡などのアーカイブズを積極的に活用することで，バーナード理論への理解が深められている。さらに，日本バーナード協会のような研究集団が形成され，いくつもの論点をめぐって，議論が起こったことも研究を活性化し，深化させたといえる。

　結論としては，日本のバーナード研究がもたらしたインパクトを経営学の基礎理論として受け入れる可能性を追求したものと評価する。もちろん，そのなかでは多様な理論が競合し，異なる解釈も存在するだろう。しかし，経験をベースに構築しつつ，論理性が高く，体系的なバーナード理論を一つのパラダイムとしてグローバルに受け入れ，定着させる価値は十分にあると考える。1990年代以降に，バーナード理論を理解する上での基本文献が出そろい，その理論について一定の理解と評価が固まったために，量的に落ち着いたように見える。バーナード理論を活性化し，その価値をグローバルに展開するためには，理論的研究にとどまることなく，実践にどのように応用していくか，検討を進めていくことに可能性があると思われる。

参考文献

Barnard, C. I. (1938), *The Functions of the Executive*, Harvard University Press.（山本安次郎・田杉競・飯野春樹訳『新訳 経営者の役割』ダイヤモンド社，1968 年。）

Barnard, C. I. (1948), *Organization and Management*, Harvard University Press.（日本バーナード協会訳『組織と管理』文眞堂，1992 年。）

Isomura, K. (2019), "Barnard's method of creating theory from experience," paper presented at the 35th EGOS, Edinburgh, UK, July 4-6.

Wolf, W. B. and Iino, H. (eds.) (1986), *Philosophy for Managers*, Bunshindo.（飯野春樹監訳『経営者の哲学』文眞堂，1986 年。）

飯野春樹 (1978)，『バーナード研究』文眞堂。

飯野春樹 (1979)，「バーナード研究の動向」降旗・飯野・浅沼・赤岡編『経営学の課題と動向』中央経済社，71-86 頁。

飯野春樹 (1986)，「わが国における組織理論展開の一端——バーナード生誕100 年によせて——」『商学論集』第 31 巻第 3・4・5 号，811-822 頁。

飯野春樹 (1994)，「わが国における組織理論の展開——バーナードの諸業績に即して——」『飯野春樹教授 京都大学退官記念講演会録』京都大学経済学部，1-24 頁。

磯村和人 (2011)，「バーナード理論の研究動向」経営学史学会監修／藤井一弘編著『バーナード（経営学史叢書 VI）』文眞堂，107-136 頁。

植村省三 (1979)，「バーナード理論の研究」飯野春樹編『バーナード　経営者の役割』有斐閣，195-209 頁。

占部都美 (1974)，『近代組織論 1　バーナードとサイモン』白桃書房。

加藤勝康 (1978)，「書評 飯野春樹著『バーナード研究——その組織と管理の理論——』」『商学論集』第 23 巻第 2 号，144-158 頁。

加藤勝康 (1996)，『バーナードとヘンダーソン』文眞堂。

川端久夫 (2015)，『日本におけるバーナード理論研究』文眞堂。

日本バーナード協会 (1977-1988)「日本バーナード協会ニューズレター」第 1～11 号，高澤十四久・岡田和秀編『バーナード研究の軌跡』。

庭本佳和 (1996)，「組織統合の視点とオートポイエーシス」『組織科学』第 29 巻第 4 号，54-61 頁。

庭本佳和 (2006)，『バーナード経営学の展開』文眞堂。

馬場敬治 (1950)，「米国に於ける組織理論の新展開 1, 2, 3」『経営評論』第 5 巻 10, 11, 12 号，4-10, 4-9, 14-19 頁。

原澤芳太郎 (1988)，「『バーナード 現代社会と組織問題』加藤勝康・飯野春樹編」『ECONOMICS TODAY』春号，122-125 頁。

藤井一弘 (2001)，「バーナードのオートポエティックな視点」河野大機・吉原正彦編『経営パラダイムの探求』文眞堂，242-253 頁。

藤井一弘 (2006)，「庭本佳和『バーナード経営学の展開——意味と生命を求めて——』」『経営情報研究』第 14 巻第 1 号，59-70 頁。

眞野脩 (1987)，『バーナードの経営理論』文眞堂。

三戸公 (1973)，「人間，その行動——バーナード理論の基礎」『立教経済学研究』第 26 巻第 4 号，1-38 頁。

村上伸一 (1996)，「1970 年代から 1980 年代の 2 つの大きな日本独自の組織理論研究の潮流——経営学者の研究を中心にして——」『北星論集』第 33 号，153-179 頁。

村田晴夫 (1978)，「構造と主体——バーナードの公式組織の概念をめぐって——」『武蔵大学論集』第 26 巻，第 2 号，55-68 頁。

山口昌哉 (1988),「システムの新しいかたち，フラクタルについて」飯野春樹編『人間協働』文眞堂，63-75 頁。

山本安次郎 (1972),「バーナード理論の意義と地位」山本安次郎・田杉競編『バーナードの経営理論』ダイヤモンド社。

吉田民人 (1986),「自己組織パラダイムの視角――一つのバーナード再考――」加藤勝康・飯野春樹編『バーナード』文眞堂，91-109 頁。

吉原正彦 (2006),『経営学の新紀元を拓いた思想家たち』文眞堂。

第IV部
文　献

ここに掲載の文献一覧は，第Ⅱ部の統一論題論文執筆者
が各自のテーマの基本文献としてリストアップしたもの
を，年報編集委員会の責任において集約したものである。

1 経営学における「技術」概念の変遷——AI 時代に向けて——

外国語文献

1 Barnard, C. I. (1938), *The Functions of the Executive*, Harvard University Press.（山本安次郎・田杉競・飯野春樹訳『経営者の役割』ダイヤモンド社，1968 年。）

2 Simon, H. A. (1977), *The New Science of Management Decision*, Revised Edition, Prentice-Hall.（稲葉元吉・倉井武夫共訳『意思決定の科学』産業能率大学出版部，1979 年。）

3 Simon, H. A. (1981), *The Science of the Artificial*, Second Edition, The M.I.T. Press.（稲葉元吉・吉原英樹訳『新版システムの科学』パーソナルメディア社，1987 年。）

4 Simon, H. A. (1996), *Models of My Life*, Massachusetts Institute of Technology.（安西祐一郎・安西徳子訳『学者人生のモデル』岩波書店，1998 年。）

日本語文献

1 武谷三男 (1968),『弁証法の諸問題（武谷三男著作集 1)』勁草書房。
2 中村静治 (1977),『技術論入門』有斐閣ブックス。
3 貫隆夫 (1982),『管理技術論』中央経済社。
4 原拓志・宮尾学編 (2017),『技術経営』中央経済社。
5 馬場克三 (1957),『個別資本と経営技術』有斐閣。
6 宗像正幸(1989),『技術の理論——現代工業経営問題への技術的接近——』同文舘。
7 三戸公 (1968),『個別資本論序説（増補版）』森山書店。
8 藻利重隆 (1973),『経営学の基礎（新訂版）』森山書店。
9 森谷正規 (1998),『文明の技術史観——アジア発展の可能性——』中公新書。

2 19 世紀前半期イギリスにおける機械の効果と影響
　　——バベッジ，ユア，及びミルの所説——

外国語文献

1 Chapman, S. D. (1972), *The Cotton Industry in the Industrial Revolution*,

Macmillan.（佐村明知訳『産業革命のなかの綿工業』晃洋書房, 1990 年。）

2　de Monthoux, P. G. (1993), *The Moral Philosophy of Management: From Quesnay to Keynes*, M. E. Sharpe.

3　Mokyr, J. (2002), *The Gifts of Athena: Historical Origins of the Knowledge Economy*, Princeton University Press.（長尾伸一監訳・伊藤庄一訳『知識経済の形成』名古屋大学出版会, 2019 年。）

4　Pollard, S. (1965), *The Genesis of Modern Management: A Study of the Industrial Revolution*, Edward Arnold.（山下幸夫・桂芳男・水原正亨訳『現代企業管理の起源』千倉書房, 1982 年。）

5　Rosenberg, N. (1994), *Exploring the Black Box; Technology, Economics, and History*, Cambridge University Press.

6　Schumpeter, J. A. (1954), *History of Economic Analysis*, Oxford University Press.（東畑精一訳『経済分析の歴史』岩波書店, 1995 年。）

7　Villers, R. (1960), *Dynamic Management in Industry*, Maruzen.（西野嘉一郎監修・矢野宏訳『ダイナミック・マネジメント』日本生産性本部, 1963 年。）

8　Wilson, J. F. (1995), *British Business History, 1720-1994*, Manchester University Press.（萩本眞一郎訳『英国ビジネスの進化——その実証的研究, 1720-1994——』文眞堂, 2000 年。）

9　Witzel, M. (2012), *A History of Management Thought*, Routledge.

10　Wren, D. A. (2005), *The Evolution of Management Thought*, John Wiley & Sons Inc.

日本語文献

1　北村健之助 (1994),『経営学前史』学文社。

2　杉原四郎 (1973),『イギリス経済思想史』未来社。

3　鈴木芳徳 (1983),『株式会社の経済学説』新評論。

4　武田信照 (2006),『経済学の古典と現代』梓出版社。

5　土方直史 (2003),『ロバート・オウエン』研究社。

6　福永文美夫 (2007),『経営学の進化——進化論的経営学の提唱——』文眞堂。

7　村田和博 (2010),『19 世紀イギリス経営思想史研究——C. バベッジ, J. モントゴメリー, A. ユア, および J. S. ミルの経営学説とその歴史的背景——』五絃舎。

8　吉田文和 (1987),『マルクス機械論の形成』北海道大学図書刊行会。

3　技術概念・技術観の変遷とその意義——AI 時代を見据えて——

外国語文献

1　Bijker, E. et al. (eds.) (1987), *Social Construction of Technological Systems*, The MIT Press.

2　Collins, H. (2018), *Artifictional Intelligence*, Polity Press.

3　Dessauer, F. (1958), *Streit um die Technik*, Frankfurt a. M. 2.Aufl.

4　Dreyfus, H. I. and Dreyfus, S. E. (1986), *Mind over Machine*, Free Press.（椋田直子訳『純粋人工知能批判：コンピュータは思考を獲得できるか』アスキー，1987 年。）

5　Gottl-Ottlilienfeld, Fr. (1923), *Wirtschaft und Technik*, Tuebingen 2.Aufl.

6　Hirschhorn, L. (1984), *Beyond Mechanization: Work and Technology in a Postindustrial Age*, MIT Press.

7　Kapp, E. (1877), *Grundlinien einer Philosophie der Technik: Zur Entstehungsgeschichte der Cultur aus neuen Gesichtspunkten*, Braunschweig (Hamburg 2015).

8　Kurzweil, R. (2006), *The Singularity is Near: When Humans Transcend Biology*, Penguin Books.（NHK 出版編集『シンギュラリティは近い：人類が生命を超越するとき』NHK 出版，2016 年。）

9　Lenk. H./Moser, S. (1973), *Techne Technik Technologie*, Pullach bei München.

10　Marx, K. (1991), *Das Kapital I*, Berlin.（長谷部文雄訳『資本論』日本評論社，1950-1951 年。）

11　Mumford, L. (1934), *Technics and Civilization*, Uiv. of Chicago Press.（生田勉訳『技術と文明』鎌倉書房，1953 年。）

12　Polanyi, M. (1966), *The Tacit Dimension*, Peter Smith.（佐藤敬三訳『暗黙知の次元　言語から非言語へ』紀伊國屋書店，1980 年。）

13　Saito, K. (2016), *Natur gegen Kapital*, Frankfurt a. M.（齋藤幸平『大洪水の前に』堀之内出版，2019 年。）

14　Sombart, W. (1921), *Der Moderne Kapitalismus* Bd.3, München.（岡崎次郎訳『近世資本主義』生活社，1942 年。）

15　Womack, J. P. et al. (eds.) (1990), *The Machine that Changed the World*, Maxwell Macmillan International.（沢田博訳『リーン生産方式が，世

界の自動車産業をこう変える。』経済界，1990 年。）

日本語文献

1　相川春喜（1942），『技術論入門』三笠書房。

2　岡邦雄（1955），『新しい技術論』春秋社。

3　実重重実（1996），『森羅万象の旅』地湧社。

4　嶋啓（1977），『技術論論争』ミネルヴァ書房。

5　ヴェー・ゾムバルト／阿閉吉男訳（1941），『技術論』科学主義工業社。

6　武谷三男（1968），『弁証法の諸問題』勁草書房。

7　中村静治（1975），『技術論論争史（上・下)』青木書店。

8　野中郁次郎（1990），『知識創造の経営：日本企業のエピステモロジー』日本経済新聞社。

9　馬場敬治（1933），『技術と経済』日本評論社。

10　藤本隆弘（2004），『日本のもの造り哲学』日本経済新聞社。

11　松尾豊（2015），『人工知能は人間を超えるか』KADOKAWA。

12　宗像正幸（1989），『技術の理論：現代工業経営問題への技術論的接近』同文舘出版。

13　宗像正幸・坂本清・貫隆夫編（2000），『現代生産システム論』ミネルヴァ書房。

14　宗像正幸（2013），「産業経営論議の百年」経営学史学会編『経営学の貢献と反省（経営学史学会年報 第 20 輯)』文眞堂，50-65 頁。

4　AI 技術と組織インテリジェンスの追求
——バーナード理論，サイモン理論から AI 時代の経営学へ——

外国語文献

1　Barnard, C. I. (1938), *The Functions of the Executive*, Harvard University Press.（山本安治郎・田杉競・飯野春樹訳『新訳 経営者の役割』ダイヤモンド社，1968 年。）

2　Chandler, A. D. (1977), *The Visible Hand: The Managerial Revolution in American Industry*, The Belknap Press of Harvard University Press.（鳥羽欽一郎・小林袈裟治訳『経営者の時代——アメリカ産業における近代企業の成立——（上・下)』東洋経済新報社，1979 年。）

3　Gardner, H. (1985), *The Mind's New Science: A History of the Cognitive Revolution*, Basic Book Inc.（佐伯胖・海保博之監訳『認知革命——知の

科学の誕生と展開──』産業図書，1987 年。)

4　Hofstadter, D. R., (1979), *Gödel, Escher, Bach: An Eternal Golden Braid*, Basic Book. (野崎昭弘他訳『ゲーデル，エッシャー，バッハーあるいは不思議の環』白楊社，1985 年。)

5　Kurzweil, R. (2005), *The Singularity is Near: When Humans Transcend Biology*, Loretta Barrett Books. (井上健監訳『ポスト・ヒューマン誕生：コンピュータが人類の知性を超えるとき』NHK 出版，2007 年。)

6　March, J. G. (2010), *The Ambiguity of Experience*, Cornell University Press.

7　March, J. G. and Simon, H. A. (1958), *Organizations*, John-Wiley. (土屋守章訳『オーガニゼーションズ』ダイヤモンド社，1977 年。)

8　Newell, A. and Simon, H. A. (1972), *Human Problem Solving*, Prentice-Hall Inc.

9　Simon, H. A. (1945；1997), *Administrative Behavior: A Study of Decision Making Process in Administrative Organizations*, 4th ed., The Free Press. (二村敏子他訳『新版 経営行動：経営組織における意思決定過程の研究』ダイヤモンド社，2009 年。)

10　Simon, H. A. (1977), *The New Science of Management Decision*, Prentice-Hall. (稲葉元吉・倉井武夫共訳『意思決定の科学』産業能率大学出版部，1979 年。)

11　Simon, H. A. (1991), *Models of My Life*, Basic Book. (安西祐一郎・安西徳子訳『学者人生のモデル』岩波書店，1998 年。)

12　Simon, H. A. (1996), *The Science of the Artificial*, 3rd ed., MIT Press. (稲葉元吉・吉原英樹訳『システムの科学 第 3 版』パーソナルメディア，1996 年。)

13　Whitehead, A. N. (1938), *Modes of Thought*, MacMillan, New York. (藤川吉美・伊藤重行訳『思考の諸様態』松籟社，1980 年。)

日本語文献

1　松嶋登 (2015)，『現場の情報化：IT 利用実践の組織論的研究』有斐閣。

第 V 部

資　　料

経営学史学会第 28 回全国大会実行委員長挨拶

福　永　文美夫

　経営学史学会第 28 回全国大会は，2020 年 5 月 22 日（金）より 24 日（日）まで久留米大学において開催する予定でしたが，ご承知のとおり新型コロナウイルスの感染拡大により本学での集会形式での大会は中止を余儀なくされ，それに代わる形で特別に「誌上開催」となりました。

　誌上開催は，予稿集を 5 月 23 日（土）から 7 月 31 日（金）まで WEB 上に掲載し，報告者への質疑応答をメールで行いました。学会史上初めての「誌上開催」ということで，報告者やチェアパーソン，司会者，討論者，そしてすべての会員の皆様が戸惑われたのではないかと思います。

　第 28 回大会は，第 27 回大会の「概念の変遷史」という切り口を引き継ぐ形で，「技術」に焦点をあてました。経営学におけるさまざまな技術観や技術概念の変遷をたどりながら AI との関連性を議論し，文明の転換期ともいえる AI 時代の経営学への展望を示すということで，「経営学における『技術』概念の変遷——AI 時代に向けて——」という統一論題が設定されました。

　統一論題と同テーマの基調報告（福永）に続く，村田和博会員の「19 世紀前半期イギリスにおける機械の効果と影響——バベッジ，ユア，及びミルの所説——」，宗像正幸会員の「技術概念，技術観の変遷とその意義——AI 時代を見すえて——」，及び桑田耕太郎会員の「科学技術としての AI と組織のインテリジェンス：バーナード理論，サイモン理論から AI 時代の経営学へ」の統一論題報告は，いずれもたいへんな力作であったように思います。もし対面で開催されていたら，どんなに素晴らしい大会になっただろうと思わずにいられません。

　また，自由論題報告も統一論題にちなんだ「技術」や「AI」に関する報告を含め合わせて 7 本の報告があり，いずれもたいへん興味深いものばかりでした。ご報告いただいた先生方をはじめ，自由論題のチェアパーソン，統一論題の司会者，討論者の先生方，メールでの質問をお寄せくださった先生

方に厚く御礼申し上げます。

　メールでの質疑応答は，推敲された文章として書かれているので，対面での口頭のやりとりよりもわかりやすく，内容が濃いものだと感じました。通常の対面での大会よりもより深い議論ができたのではないかと思います。さらに，在外研究中の会員からも質問が寄せられたと聞いており，対面では実現できなかったことだと思います。

　また，一方で7月下旬になって何人かの先生方から質問をしていただいたセッションもあり，全体的に質問の数がやや少なかったように感じました。これは，メールでの質疑応答という特殊事情と会員の皆様が7月末までWEB授業の準備等でご多忙だったということがその要因ではないかと推察いたしております。

　今回は，対面での学会の中止による誌上開催という前例のない大会になり，実行委員会としてはたいへん苦慮いたしました。大会運営に際しましては，連絡の不行き届きの点も多々あったかと思います。この場を借りて深くお詫び申し上げます。メールのやりとりのみですので，実際問題として報告者の声をライブで聞けなかったのはたいへん残念でした。他のいくつかの学会では，Zoomでのオンライン開催の試みがなされ成功裏に終わったようです。本学会も次回の大会は，オンラインでの開催予定であると伺っております。

　ともかく，第28回全国大会は理事長の勝部伸夫先生をはじめ運営委員会及び理事会の先生方に励まされ無事終了することができました。この場を借りて厚く御礼申し上げます。

　2021年5月に駒澤大学（オンライン形式）において開催される第29回全国大会もますます盛会で経営学の発展にとってさらに実り多き大会になることを祈念いたしまして，第28回大会実行委員長の挨拶に代えさせていただきます。誠にありがとうございました。

第28回全国大会を振り返って

渡　辺　泰　宏

　経営学史学会第28回全国大会は，異例ずくめの大会であった。いまだ収束をみない新型コロナウイルスの感染拡大の影響により，久留米大学にて2020年5月22日（金）〜5月24日（日）の日程で予定されていたプログラムは，Web誌上開催による実施となった。

　この大会に先立ち，2月16日の関西部会は実施できたものの，その後コロナウイルスの猛威が報じられるようになり，2月27日に実施が予定されていた九州部会は延期を余儀なくされた。このような状況を受け，運営委員会ではメールやオンライン会議での議論を重ね，3月下旬に，対面での大会開催を中止とし，Webによる誌上開催を実施するという決断を下した。

　このような不測の事態での開催となった今大会の統一論題は，「経営学における『技術』概念の変遷——AI時代に向けて——」であり，Webやコンピュータの技術によって支えられているコロナ禍の現在，実にタイムリーなテーマであったといえよう。

　経営学において「技術」をめぐる問題は，第1報告においては，村田和博会員によって「19世紀前半期イギリスにおける機械の効果と影響——バベッジ，ユア，及びミルの所説——」，第2報告においては，宗像正幸会員によって「技術概念，技術観の変遷とその意義——AI時代を見すえて——」，第3報告においては，桑田耕太郎会員によって「科学技術としてのAIと組織のインテリジェンス——バーナード理論，サイモン理論からAI時代の経営学へ——」の論題によって展開された。

　各報告において論じられている通り，経営学においては，企業経営や協働システムをたくみに行うための管理の技術が議論されてきた。この管理の技術が，そこに関わる人間の自律性や，社会的・文化的な進展に寄与できるのかということが，現代においても問われ続けているように筆者には思われる。

　今大会の実施は，この技術の問題に関連していえば，Webやコンピュータの技術はたしかに必要不可欠なものではあった。しかし，大会の開催のためには，福永文美夫大会実行委員長をはじめ，各報告者や会員の協力や想いがなければ，実現しなかったように筆者には思われる。バーナードがその技術概念で展開したart（技芸）は，人間の感性や感情に根差した技術の重要性を，現代に生きるわれわれに問いかけているように筆者には思われる。

　初のWeb誌上開催のために，運営委員会としては会員の皆様への情報共有，周知徹底に努めてきたつもりではあるが，統一論題および自由論題の各報告者の皆様，会員の皆様には，大変なご不便をおかけしたことと思う。ここであらためてお詫び申し上げたい。コロナ禍で得たこの教訓を，今後の学会運営および部会・全国大会運営に活かし，学会の活性化に役立てていきたい。

　今大会は，誌上開催になったので，予稿集の目次を以下に記載して，開催の証と紹介としたい。

【基調報告】

　報告者：福永文美夫（久留米大学）

　論　題：「経営学における「技術」概念の変遷——AI時代に向けて——」

【統一論題】

　第一報告

　報告者：村田和博（下関市立大学）

　論　題：「19世紀前半期イギリスにおける機械の効率と影響——バベッジ，
　　　　　ユア，及びミルの所説——」

　第二報告

　報告者：宗像正幸（神戸大学名誉教授）

　論　題：「技術概念・技術観の変遷とその意義——AI時代を見据えて——」

　第三報告

　報告者：桑田耕太郎（東京都立大学）

　論　題：「科学技術としてのAIと組織のインテリジェンス——バーナード
　　　　　理論，サイモン理論からAI時代の経営学へ——」

【自由論題】

報告者：藤川なつこ（神戸大学）

「技術進歩のもたらす経営組織の逆機能に関する一考察──組織事故の視点から──」

報告者：坂井　恵（千葉商科大学）

「協働における会計の位置──Barnard（1938；1948）の組織概念からの接近──」

報告者：杉浦優子（星城大学）

「ノーマル・アクシデント理論と高信頼性理論の「技術観」」

報告者：林　　徹（長崎大学）

「重心の概念──クラウゼヴィッツとバーナードの比較を中心に──」

報告者：島田　恒（関西学院大学）

「AI 時代における経営学の本流」

報告者：春日　賢（北海学園大学）

「ケインズとドラッカー──経済学・国家・マネジメント──」

報告者：櫻田貴道（富山大学）

　　　　磯村和人（中央大学）

「日本におけるバーナード理論の受容と展開」

執筆者紹介（執筆順，肩書には大会後の変化が反映されている）

福　永　文美夫（久留米大学教授）

　　　主著『経営学の進化——進化論的経営学の提唱——』文眞堂，2007 年

　　主要論文「バーリ＝ミーンズ理論の系譜——制度派経済学と新制度派経済学の視座——」経営学史学会監修・三戸浩編著『経営学史叢書第V巻　バーリ＝ミーンズ』文眞堂，2013 年

村　田　和　博（下関市立大学教授）

　　　主著『基礎から学ぶ経営学』五絃舎，2009 年

　　　　　『19 世紀イギリス経営思想史研究——C. バベッジ，J. モントゴメリー，A. ユア，および J. S. ミルの経営学説とその歴史的背景——』五絃舎，2010 年

宗　像　正　幸（神戸大学名誉教授）

　　　主著『技術の理論——現代工業経営問題への技術論的接近——』同文舘出版，1989 年

　　主要論文「『日本型生産システム』論議考」『国民経済雑誌』第 174 巻第 1 号，1996 年

桑　田　耕太郎（東京都立大学大学院経営学研究科教授）

　　　主著『組織論　補訂版』（共著）有斐閣，2010 年

　　　　　『制度的企業家』（共編著）ナカニシヤ出版，2015 年

藤　川　なつこ（神戸大学大学院海事科学研究科准教授）

　　主要論文「高信頼性組織研究の展開——ノーマル・アクシデント理論と高信頼性理論の対立と協調——」経営学史学会編『経営学の再生——経営学に何ができるか——（経営学史学会年報 第 21 輯）』文眞堂，2014 年

　　　　　「高信頼性組織研究の理論的展開——ノーマル・アクシデント理論と高信頼性理論の統合の可能性——」『組織科学』第 48 巻第 3 号，2015 年

坂　井　　　恵（千葉商科大学教授）

　　主要論文「全社的な内部統制の評価方法──コントロール・アプローチからリスク・
　　　　　　アプローチへ──」『企業会計』第62巻第2号，2010年
　　　　　　「原子力発電の安全性に係るアカウンタビリティへの接近──東日本大震災
　　　　　　以降の東京電力の事例の解釈を通じて──」小笠原英司・藤沼司編『原子
　　　　　　力発電企業と事業経営──東日本大震災と福島原発事故から学ぶ──』文眞
　　　　　　堂，2016年

杉　浦　優　子（星城大学経営学部准教授）

　　主要論文「個人の自律性と作業組織──社会−技術システム論との比較──」経営学史
　　　　　　学会監修・岸田民樹編著『経営学史叢書第Ⅷ巻　ウッドワード』文眞堂，
　　　　　　2012年
　　　　　　「社会−技術システムと作業組織の生成・発展──Work Organizing と
　　　　　　Work Organized──」岸田民樹編著『組織学への道』文眞堂，2014年

櫻　田　貴　道（富山大学経済学部准教授）

　　主要論文「組織の制度形成におけるリーダーシップ」『尾道市立大学経済情報論集』
　　　　　　第13巻2号，2013年
　　　　　　「組織における価値に関する一考察──組織道徳と責任の概念を中心にし
　　　　　　て──」『尾道市立大学経済情報論集』第14巻1号，2014年

磯　村　和　人（中央大学理工学部教授）

　　主著『戦略モデルをデザインする』日本公認会計士協会出版局，2018年
　　　　Organization Theory by Chester Barnard: An Introduction, Springer, 2020

経営学史学会年報掲載論文（自由論題）審査規定

1　本審査規定は本学会の年次大会での自由論題報告を条件にした論文原稿を対象とする。

2　編集委員会による形式審査

　　原稿が著しく規定に反している場合，編集委員会の責任において却下することができる。

3　査読委員の選定

　　査読委員は，原稿の内容から判断して適当と思われる会員2名に地域的バランスも考慮して，編集委員会が委嘱する。なお，大会当日の当該報告のチェアパーソンには査読委員を委嘱しない。また会員に適切な査読委員を得られない場合，会員外に査読委員を委嘱することができる。なお，原稿執筆者と特別な関係にある者（たとえば指導教授，同門生，同僚）には，査読委員を委嘱できない。

　　なお，査読委員は執筆者に対して匿名とし，執筆者との対応はすべて編集委員会が行う。

4　編集委員会への査読結果の報告

　　査読委員は，論文入手後速やかに査読を行い，その結果を30日以内に所定の「査読結果報告書」に記入し，編集委員会に査読結果を報告しなければならない。なお，報告書における「論文掲載の適否」は，次のように区分する。

①**適**：掲載可とするもの。

②**条件付き適**：条件付きで掲載可とするもの。査読委員のコメントを執筆者に返送し，再検討および修正を要請する。再提出された原稿の修正確認は編集委員会が行う。

③**再査読**：再査読を要するもの。査読委員のコメントを執筆者に返送し，再検討および修正を要請する。再提出された原稿は査読委員が再査読し，判断する。

④**不適**：掲載不可とするもの。ただし，他の1名の評価が上記①～③の場合，査読委員のコメントを執筆者に返送し，再検討および修正を要請する。再提出された原稿は査読委員が再査読し，判断する。

　　なお，再査読後の評価は「適（条件付きの場合も含む）」と「不適」の2つ

とする。また，再査読後の評価が「不適」の場合，編集委員会の最終評価は，「掲載可」「掲載不可」の２つとするが，再査読論文に対して若干の修正を条件に「掲載可」とすることもある。その場合の最終判断は編集委員会が行う。

5　原稿の採否

編集委員会は，査読報告に基づいて，原稿の採否を以下のようなルールに従って決定する。

①査読委員が２名とも「適」の場合は，掲載を可とする。

②査読委員１名が「適」で，他の１名が「条件付き適」の場合は，修正原稿を編集委員会が確認した後，掲載を可とする。

③査読委員１名が「適」で，他の１名が「再査読」の場合は，後者に修正原稿を再査読するよう要請する。その結果が「適（条件付きの場合を含む）」の場合は，編集委員会が確認した後，掲載を可とする。「不適」の場合は，当該査読委員がそのコメントを編集委員会に提出し，編集委員会が最終判断を行う。

④査読委員が２名とも「条件付き適」の場合は，修正原稿を編集委員会が確認した後，掲載を可とする。

⑤査読委員１名が「条件付き適」で，他の１名が「再査読」の場合は，後者に修正原稿を再査読するよう要請する。その結果が「適（条件付きの場合を含む）」の場合は，編集委員会が前者の修正点を含め確認した後，掲載を可とする。「不適」の場合は，当該査読委員がそのコメントを編集委員会に提出し，編集委員会が最終判断を行う。

⑥査読委員が２名とも「再査読」の場合は，両者に修正原稿を再査読するよう要請する。その結果が２名とも「適（条件付きの場合を含む）」の場合は，編集委員会が確認した後，掲載を可とする。１名あるいは２名とも「不適」の場合は，当該査読委員がそのコメントを編集委員会に提出し，編集委員会が最終判断を行う。

⑦査読委員１名が「条件付き適」で，他の１名が「不適」の場合は，後者に修正原稿を再査読するよう要請する。その結果が「適（条件付きの場合を含む）」の場合は，編集委員会が前者の修正点を含め確認した後，掲載を可とする。「不適」の場合は，当該査読委員がそのコメントを編集委員会に提出し，編集委員会が最終判断を行う。

⑧査読委員１名が「再査読」で，他の１名が「不適」の場合は，両者に修正原稿を再査読するよう要請する。その結果が２名とも「適（条件付きの場合を

含む）」の場合は，編集委員会が確認した後，掲載を可とする。1名あるいは2名とも「不適」の場合は，当該査読委員がそのコメントを編集委員会に提出し，編集委員会が最終判断を行う。

⑨査読委員1名が「適」で，他の1名が「不適」の場合は，後者に修正原稿を再査読するよう要請する。その結果が「適（条件付きの場合を含む）」の場合は，編集委員会が確認した後，掲載を可とする。「不適」の場合は，当該査読委員がそのコメントを編集委員会に提出し，編集委員会が最終判断を行う。

⑩査読委員が2名とも「不適」の場合は，掲載を不可とする。

6　執筆者への採否の通知

編集委員会は，原稿の採否，掲載・不掲載の決定を，執筆者に文章で通知する。

編集後記

　経営学史学会第 28 回全国大会は，久留米大学で開催予定であり，福永文美夫実行委員長をはじめ開催校の先生方にはご尽力いただいたが，コロナ禍の影響の下，誌上開催となり，予稿集が Web 上で公開された。「経営学における『技術』概念の変遷——AI 時代に向けて——」という統一論題テーマに沿って，原稿集が公開され，自由論題報告の原稿も公開された。結果として，誌上開催にはなったが，開催校の関連各位には，厚くお礼を申し上げたい。その際の統一論題の原稿を中心に編集して，また，自由論題の報告者の論文から査読を経て編集したのが，今回の年報である。基調報告論文には，福永文美夫会員のご寄稿を頂き，統一論題論文には，村田和博会員，宗像正幸会員，桑田耕太郎会員のご寄稿を頂いている。それぞれに，技術という，経営学の生成以来問題になってきた鍵概念を，主要学説との関連で議論した玉稿である。経営学における技術は，そもそも斯学が実践的な学問であることによって，さまざまな取り上げ方をされてきた。生産技術，情報技術といった実際の技術からはじまり，技術概念といった学問の中の構想に至るまで，その意義，概念規定，学問体系の中の位置づけがこれほど問題になったものはないであろう。それ程，技術を巡る議論は，経営学とともに歩んできた感がある。私が知る限りでも，ドイツ経営経済学の中においても，技術ないし技術論の位置づけについての議論は，学問の生成以来頻発しているが，未だにどの側面が決着を見たのか瞭然としないのが現状である。そうした重要性を持つテーマに関して，本誌が，問題を掘り起こし，読者の興味をそそることになって欲しいと祈念する。また，本誌は，その他に，自由論題の報告者の査読付き論文を掲載して，研究雑誌としての意義を一層添えている。会員の諸賢におかれては，どうか本誌を手に取って，研究の参考にして頂きたく願う次第である。

（渡辺敏雄　記）

THE ANNUAL BULLETIN

of

The Society for the History of Management Theories

No. 28   May, 2021

Changes in "Technology" Concepts in Business Administration: For the Age of AI

Contents

Preface

Nobuo KATSUBE (Senshu University)

I   **Meaning of the Theme**

II   **Changes in "Technology" Concepts in Business Administration: For the Age of AI**

  1   Changes in "Technology" Concepts in Business Administration: For the Age of AI

Fumio FUKUNAGA (Kurume University)

  2   The Effect and Influence of Machinery in Britain in the First Half of the Nineteenth Century According to Babbage, Ure, and Mill

Kazuhiro MURATA (Shimonoseki City University)

  3   Transition of the Conception and Concept of Technology and the Background: A Speculation at the Advent of AI Age

Masayuki MUNAKATA (Kobe University)

  4   The Pursuit of Organizational Intelligence with AI Technology: Management Theory from C. I. Barnard and H. A. Simon to the Age of Artificial Intelligence

Kotaro KUWADA (Tokyo Metropolitan University)

Ⅲ   Other Themes

5   Technology and Organizational Accidents: An Integrated Model of
     Technological Determinism and Social Constructionism
                              Natsuko FUJIKAWA (Kobe University)

6   Type of Accountability Held in Cooperation: An Approach from the
     Concept of Organizations Demonstrated by C. I. Barnard in 1938 and 1948
                         Kay SAKAI (Chiba University of Commerce)

7   The View of Technology of Normal Accident Theory and
     High Reliability Theory
                              Yuko SUGIURA (Seijoh University)

8   Acceptance and development of Barnard's theory in Japan
                    Takanori SAKURADA (University of Toyama) and
                          Kazuhito ISOMURA (Chuo University)

Ⅳ   Literatures

Ⅴ   Materials

Abstracts

Changes in "Technology" Concepts in Business Administration: For the Age of AI

Fumio FUKUNAGA (Kurume University)

In recent years, it has been called the third AI (Artificial Intelligence) boom. AI has been taken up as a theme of unified thesis at academic societies related to business administration, and various discussions have been conducted. In this paper, I would like to consider the future of business administration in the AI era by tracing the transition of "technology" concepts. This paper deals with management technology theory, Association for the Study of Industrial Management, and technology management as theories and academic societies that have directly dealt with the concept of "technology" in business administration. Then, Barnard and Simon are taken up as the main theorists who discussed "technology" concept.

Barnard emphasized how important the art of managers is. Simon modeled human behavior and pursued technology while integrating art and technology to establish the sciences of the artificial. Business administration in the age of AI will be required to coexist with human technology as "art" and machine technology as "technology", but it must be human-centered business administration. It should be different from the relationship between humans and machines in the Industrial Revolution, that is, the hostile relationship between them such as the Luddite movement.

The Effect and Influence of Machinery in Britain in the First Half of the Nineteenth Century According to Babbage, Ure, and Mill

Kazuhiro MURATA (Shimonoseki City University)

In this paper, we clarify the claims of Charles Babbage, Andrew Ure, and John Stuart Mill regarding the effects and influence of machinery and survey the issues that should be carefully considered in a future society where the influence of Artificial Intelligence (AI) will grow.

The following points are discussed. First, will mechanization increase our leisure? Mill believed that increased productivity through mechanization could contribute to human well-being by increasing leisure, even in a stationary state. Will AI decrease working hours and increase leisure time? Second, will AI increase labor autonomy? If AI evolves to perform simple or physical labor, people may be freed from these forms of labor, and shift to more speculative labor. It seems that the desired work style of the future is not the execution of simple, low-autonomy tasks that Ure claimed. The third point considers that during the first half of the nineteenth century, many British intellectuals were interested in the topic of unemployment due to mechanization. Will AI deprive people of their jobs in a future society? Babbage concludes that the jobs required will change, for which we will need to be prepared. Finally, many classical economists criticized the long-term monopoly of technology in the hands of business owners and emphasized its social use. In the age of AI, will the benefits be enjoyed not by a few people who own AI, but by all of society?

Transition of the Conception and Concept of Technology and the Background: A Speculation at the Advent of AI Age

Masayuki Munakata (Kobe University)

Through the history of mankind, terms concerned with technology are used to indicate the human function to ensure the success of intentional human practice. In the pre-industorial era, technological matters are in general grasped as art. In the modern conception, impersonal scientific knowledge, machine principle and machine sytstem become the main elements. From the mid of the last century, the countervailimg trends are also seen to stress the divergence between the ideal of machine principle and the reality of performance in the industrial practices. The idea of tacit knowkedge may be seen as a step to treat the issues.

At the heart of problem lies the reflection of the importance of organic aspect of human activity. In the recent conroversies on AI the newest vertion of the debate is to be seen, where the possibilities of "spiritual machine" to cover the human nature are discussed. The central problem may be whether machine could have the quasi-human ability. Negative effects of AI to human culture is also to be concidered. A pre-condition for the resolution may be the mutual trust and cooperation among natural, social and human scientists.

The Pursuit of Organizational Intelligence with AI Technology: Management Theory from C. I. Barnard and H. A. Simon to the Age of Artificial Intelligence

Kotaro KUWADA (Tokyo Metropolitan University)

Herbert A. Simon articulated that the corporation would be managed by machines in the late twentieth century with the development of Artificial Intelligence (AI) and human beings would lost the identity as the only species that can manipulate the complex environment with intelligence in 1960. In this paper, I discuss the possibility of Organizational Intelligence with AI technology, through critical investigation of Simon's articulation in contrast with Chester I. Barnard's concept of technology and executive arts. Formal organizations are the tools or technology for the managers to realize organizational intelligence and the behaviors of managers themselves are included in the organizations. According to Barnard, the executives leadership has to transcendent the technology of organizations into the state of the arts. Executive arts will be reached only through the experiences of management practices with responsibility.

Because of the computational paradox and the limits of defining and representing the problem spaces in AI independent from the human practices embedded in the social and ambiguous context, I insist that AI will not reach at the level of executive arts. Finally the importance of the dynamic development of organizational learning with AI and the arts of human beings will be explored in the pursuit of organizational intelligence.

経営学における『技術』概念の変遷

——AI 時代に向けて——

経営学史学会年報　第 28 輯

2021 年 5 月 28 日　第 1 版第 1 刷発行　　　　　　　　検印省略

編　者　経 営 学 史 学 会

発行者　前　野　　　隆

発行所　㍿文　眞　堂
　　　　東京都新宿区早稲田鶴巻町 533
　　　　電　話　03（3202）8480
　　　　FAX　03（3203）2638
　　　　〒162-0041 振替00120-2-96437

製作・平河工業社

© 2021

URL. http://keieigakusi.info/
http://www.bunshin-do.co.jp/
落丁・乱丁本はおとりかえいたします
定価はカバー裏に表示してあります
ISBN978-4-8309-5132-9　C3034

● 好評既刊

経営学の位相 第一輯

● 主要目次

I　課題

一　経営学の本格化と経営学史研究の重要性　　　　　山　本　安　次　郎

二　社会科学としての経営学　　　　　　　　　　　　三　戸　　　公

三　管理思考の呪縛——そこからの解放　　　　　　　北　野　利　信

四　バーナードとヘンダーソン　　　　　　　　　　　加　藤　勝　康

五　経営経済学史と科学方法論　　　　　　　　　　　永　田　　　誠

六　非合理主義的組織論の展開を巡って　　　　　　　稲　村　　　毅

七　組織情報理論の構築へ向けて　　　　　　　　　　小　林　敏　男

II　人と業績

八　村本福松先生と中西寅雄先生の回想　　　　　　　高　田　　　馨

九　馬場敬治——その業績と人柄　　　　　　　　　　雲　嶋　良　雄

十　北川宗藏教授の「経営経済学」　　　　　　　　　海　道　　　進

十一　シュマーレンバッハ学説のわが国への導入　　　齊　藤　隆　夫

十二　回想——経営学研究の歩み　　　　　　　　　　大　島　國　雄

経営学の巨人 第二輯

● 主要目次

I　経営学の巨人

一　H・ニックリッシュ

　1　現代ドイツの企業体制とニックリッシュ　　　　吉　田　　　修

　2　ナチス期ニックリッシュの経営学　　　　　　　田　中　照　純

　3　ニックリッシュの自由概念と経営思想　　　　　鈴　木　辰　治

二　C・I・バーナード

　4　バーナード理論と有機体の論理　　　　　　　　村　田　晴　夫

　5　現代経営学とバーナードの復権　　　　　　　　庭　本　佳　和

　6　バーナード理論と現代　　　　　　　　　　　　稲　村　　　毅

三　K・マルクス

　7　日本マルクス主義と批判的経営学　　　　　　　川　端　久　夫

　8　旧ソ連型マルクス主義の崩壊と個別資本説の現段階　片　岡　信　之

　9　マルクスと日本経営学　　　　　　　　　　　　篠　原　三　郎

Ⅱ　経営学史論攷
　　1　アメリカ経営学史の方法論的考察　　　　　　　　　三　井　　　泉
　　2　組織の官僚制と代表民主制　　　　　　　　　　　　奥　田　幸　助
　　3　ドイツ重商主義と商業経営論　　　　　　　　　　　北　村　健之助
　　4　アメリカにみる「キャリア・マネジメント」理論の動向　西　川　清　之
Ⅲ　人と業績
　　1　藻利重隆先生の卒業論文　　　　　　　　　　　　　三　戸　　　公
　　2　日本の経営学研究の過去・現在・未来　　　　　　　儀　我　壮一郎
　　3　経営学生成への歴史的回顧　　　　　　　　　　　　鈴　木　和　蔵
Ⅳ　文　献

日本の経営学を築いた人びと　第三輯

● 主要目次

Ⅰ　日本の経営学を築いた人びと
　一　上田貞次郎——経営学への構想——　　　　　　　　　小　松　　　章
　二　増地庸治郎経営理論の一考察　　　　　　　　　　　河　野　大　機
　三　平井泰太郎の個別経済学　　　　　　　　　　　　　眞　野　　　脩
　四　馬場敬治経営学の形成・発展の潮流とその現代的意義　岡　本　康　雄
　五　古林経営学——人と学説——　　　　　　　　　　　門　脇　延　行
　六　古林教授の経営労務論と経営民主化論　　　　　　　奥　田　幸　助
　七　馬場克三——五段階説、個別資本説そして経営学——　三　戸　　　公
　八　馬場克三・個別資本の意識性論の遺したもの　　　　川　端　久　夫
　　　　　　——個別資本説と近代管理学の接点——
　九　山本安次郎博士の「本格的経営学」の主張をめぐって　加　藤　勝　康
　　　　　　——Kuhnian Paradigmとしての「山本経営学」——
　十　山本経営学の学史的意義とその発展の可能性　　　　谷　口　照　三
　十一　高宮　晋—経営組織の経営学的論究　　　　　　　鎌　田　伸　一
　十二　山城経営学の構図　　　　　　　　　　　　　　　森　本　三　男
　十三　市原季一博士の経営学説——ニックリッシュとともに——　増　田　正　勝
　十四　占部経営学の学説史的特徴とバックボーン　　　　金　井　壽　宏
　十五　渡辺銕蔵論——経営学史の一面——　　　　　　　高　橋　俊　夫
　十六　生物学的経営学説の生成と展開　　　　　　　　　裴　　　富　吉
　　　　　　——暉峻義等の労働科学：経営労務論の一源流——
Ⅱ　文　献

アメリカ経営学の潮流　第四輯

●主要目次
I　アメリカ経営学の潮流
　一　ポスト・コンティンジェンシー理論——回顧と展望——　　野中郁次郎
　二　組織エコロジー論の軌跡　　村上伸一
　　　　——一九八〇年代の第一世代の中核論理と効率に関する議論
　　　の検討を中心にして——
　三　ドラッカー経営理論の体系化への試み　　河野大機
　四　H・A・サイモン——その思想と経営学——　　稲葉元吉
　五　バーナード経営学の構想　　眞野脩
　六　プロセス・スクールからバーナード理論への接近　　辻村宏和
　七　人間関係論とバーナード理論の結節点　　吉原正彦
　　　　——バーナードとキャボットの交流を中心として——
　八　エルトン・メイヨーの管理思想再考　　原田實
　九　レスリスバーガーの基本的スタンス　　杉山三七男
　十　F・W・テイラーの管理思想　　中川誠士
　　　　——ハーバード経営大学院における講義を中心として——
　十一　経営の行政と統治　　北野利信
　十二　アメリカ経営学の一一〇年——社会性認識をめぐって——　　中村瑞穂
II　文　献

経営学研究のフロンティア　第五輯

●主要目次
I　日本の経営者の経営思想
　一　日本の経営者の経営思想　　清水龍瑩
　　　　——情報化・グローバル化時代の経営者の考え方——
　二　日本企業の経営理念にかんする断想　　森川英正
　三　日本型経営の変貌——経営者の思想の変遷——　　川上哲郎
II　欧米経営学研究のフロンティア
　四　アメリカにおけるバーナード研究のフロンティア　　高橋公夫
　　　　——William, G. Scott の所説を中心として——
　五　フランスにおける商学・経営学教育の成立と展開　　日高定昭
　　　　（一八一九年——一九五六年）
　六　イギリス組織行動論の一断面　　幸田浩文

　　　──経験的調査研究の展開をめぐって──
　七　ニックリッシュ経営学変容の新解明　　　　　　　　森　　哲　彦
　八　E・グーテンベルク経営経済学の現代的意義　　　　髙　橋　由　明
　　　──経営タイプ論とトップ・マネジメント論に焦点を合わせて──
　九　シュマーレンバッハ「共同経済的生産性」概念の再構築　永　田　　誠
　十　現代ドイツ企業体制論の展開　　　　　　　　　　　海道ノブチカ
　　　──R・-B・シュミットとシュミーレヴィッチを中心として──
Ⅲ　現代経営・組織研究のフロンティア
　十一　企業支配論の新視角を求めて　　　　　　　　　　片　岡　　進
　　　　──内部昇進型経営者の再評価、資本と情報の同時追究、
　　　　　　自己組織論の部分的導入──
　十二　自己組織化・オートポイエーシスと企業組織論　　長　岡　克　行
　十三　自己組織化現象と新制度派経済学の組織論　　　　丹　沢　安　治
Ⅳ　文　献

経営理論の変遷　第六輯

●主要目次
Ⅰ　経営学史研究の意義と課題
　一　経営学史研究の目的と意義　　　　　　　ウィリアム・G・スコット
　二　経営学史の構想における一つの試み　　　　　　　　加　藤　勝　康
　三　経営学の理論的再生運動　　　　　　　　　　　　　鈴　木　幸　毅
Ⅱ　経営理論の変遷と意義
　四　マネジメント・プロセス・スクールの変遷と意義　　二　村　敏　子
　五　組織論の潮流と基本概念　　　　　　　　　　　　　岡　本　康　雄
　　　──組織的意思決定論の成果をふまえて──
　六　経営戦略の意味　　　　　　　　　　　　　　　　　加　護　野　忠　男
　七　状況適合理論（Contingency Theory）　　　　　　岸　田　民　樹
Ⅲ　現代経営学の諸相
　八　アメリカ経営学とヴェブレニアン・インスティテュー
　　　ショナリズム　　　　　　　　　　　　　　　　　　今　井　清　文
　九　組織論と新制度派経済学　　　　　　　　　　　　　福　永　文　美　夫
　十　企業間関係理論の研究視点　　　　　　　　　　　　山　口　隆　之
　　　──「取引費用」理論と「退出／発言」理論の比較を通じて──
　十一　ドラッカー社会思想の系譜　　　　　　　　　　　島　田　　恒
　　　　──「産業社会」の構想と挫折、「多元社会」への展開──

　　十二　バーナード理論のわが国への適用と限界　　　　　　　　大　平　義　隆

　　十三　非合理主義的概念の有効性に関する一考察　　　　　　　前　田　東　岐
　　　　　　──ミンツバーグのマネジメント論を中心に──

　　十四　オートポイエシス──経営学の展開におけるその意義──　藤　井　一　弘

　　十五　組織文化の組織行動に及ぼす影響について　　　　　　　間　嶋　　崇
　　　　　　──E・H・シャインの所論を中心に──

Ⅳ　文　献

経営学百年──鳥瞰と未来展望── 第七輯

● 主要目次

Ⅰ　経営学百年──鳥瞰と未来展望──

　　一　経営学の主流と本流──経営学百年、鳥瞰と課題──　　　三　戸　　公

　　二　経営学における学の世界性と経営学史研究の意味　　　　村　田　晴　夫
　　　　　　──「経営学百年──鳥瞰と未来展望」に寄せて

　　三　マネジメント史の新世紀　　　　　　　　ダニエル・A・レン

Ⅱ　経営学の諸問題──鳥瞰と未来展望──

　　四　経営学の構想──経営学の研究対象・問題領域・考察方法──　万　仲　脩　一

　　五　ドイツ経営学の方法論吟味　　　　　　　　　　　　　　清　水　敏　允

　　六　経営学における人間問題の理論的変遷と未来展望　　　　村　田　和　彦

　　七　経営学における技術問題の理論的変遷と未来展望　　　　宗　像　正　幸

　　八　経営学における情報問題の理論的変遷と未来展望　伊藤淳巳・下﨑千代子
　　　　　　──経営と情報──

　　九　経営学における倫理・責任問題の理論的変遷と未来展望　西　岡　健　夫

　　十　経営の国際化問題について　　　　　　　　　　　　　赤　羽　新太郎

　　十一　日本的経営論の変遷と未来展望　　　　　　　　　　　林　　正　樹

　　十二　管理者活動研究の理論的変遷と未来展望　　　　　　　川　端　久　夫

Ⅲ　経営学の諸相

　　十三　M・P・フォレット管理思想の基礎　　　　　　　　　杉　田　　博
　　　　　　──ドイツ観念論哲学における相互承認論との関連を中心に──

　　十四　科学的管理思想の現代的意義　　　　　　　　　　　　藤　沼　　司
　　　　　　──知識社会におけるバーナード理論の可能性を求めて──

　　十五　経営倫理学の拡充に向けて　　　　　　　　　　　　　岩　田　　浩
　　　　　　──デューイとバーナードが示唆する重要な視点──

　　十六　H・A・サイモンの組織論と利他主義モデルを巡って　髙　　　巖
　　　　　　──企業倫理と社会選択メカニズムに関する提言──

十七　組織現象における複雑性　　　　　　　　　　　阿　辻　茂　夫

十八　企業支配論の一考察　　　　　　　　　　　　　坂　本　雅　則
　　　　──既存理論の統一的把握への試み──

Ⅳ　文　献

組織管理研究の百年　第八輯

● 主要目次

Ⅰ　経営学百年──組織・管理研究の方法と課題──

一　経営学研究における方法論的反省の必要性　　　　佐々木　恒　男

二　比較経営研究の方法と課題　　　　　　　　　　　愼　　　侑　根
　　　　──東アジア的企業経営システムの構想を中心として──

三　経営学の類別と展望──経験と科学をキーワードとして──　原　澤　芳太郎

四　管理論・組織論における合理性と人間性　　　　　池　内　秀　己

五　アメリカ経営学における「プラグマティズム」と
　　「論理実証主義」　　　　　　　　　　　　　　　三　井　　　泉

六　組織変革とポストモダン　　　　　　　　　　　　今　田　高　俊

七　複雑適応系──第三世代システム論──　　　　　河　合　忠　彦

八　システムと複雑性　　　　　　　　　　　　　　　西　山　賢　一

Ⅱ　経営学の諸問題

九　組織の専門化に関する組織論的考察　　　　　　　吉　成　　　亮
　　　　──プロフェッショナルとクライアント──

十　オーソリティ論における職能説　　　　　　　　　高　見　精一郎
　　　　──高宮晋とM・P・フォレット──

十一　組織文化論再考──解釈主義的文化論へ向けて──　四　本　雅　人

十二　アメリカ企業社会とスピリチュアリティー　　　村　山　元　理

十三　自由競争を前提にした市場経済原理にもとづく
　　　経営学の功罪──経営資源所有の視点から──　海老澤　栄　一

十四　組織研究のあり方　　　　　　　　　　　　　　大　月　博　司
　　　　──機能主義的分析と解釈主義的分析──

十五　ドイツの戦略的管理論研究の特徴と意義　　　　加　治　敏　雄

十六　企業に対する社会的要請の変化　　　　　　　　小　山　嚴　也
　　　　──社会的責任論の変遷を手がかりにして──

十七　E・デュルケイムと現代経営学　　　　　　　　齋　藤　貞　之

Ⅲ　文　献

IT革命と経営理論 第九輯

● 主要目次

I テイラーから IT へ──経営理論の発展か、転換か──

一 序説 テイラーから IT へ──経営理論の発展か転換か── 稲 葉 元 吉

二 科学的管理の内包と外延──IT 革命の位置── 三 戸 公

三 テイラーと IT──断絶か連続か── 篠 崎 恒 夫

四 情報化と協働構造 國 領 二 郎

五 経営情報システムの過去・現在・未来 島 田 達 巳
　　　　──情報技術革命がもたらすもの──

六 情報技術革命と経営および経営学 庭 本 佳 和
　　　　──島田達巳「経営情報システムの過去・現在・未来」をめぐって──

II 論 攷

七 クラウゼウィッツのマネジメント論における理論と実践 鎌 田 伸 一

八 シュナイダー企業者職能論 関 野 賢

九 バーナードにおける組織の定義について 坂 本 光 男
　　　　──飯野－加藤論争に関わらせて──

十 バーナード理論と企業経営の発展 高 橋 公 夫
　　　　──原理論・類型論・段階論──

十一 組織論における目的概念の変遷と展望 西 本 直 人
　　　　──ウェーバーからCMSまで──

十二 ポストモダニズムと組織論 高 橋 正 泰

十三 経営組織における正義 宮 本 俊 昭

十四 企業統治における法的責任の研究 境 新 一
　　　　──経営と法律の複眼的視点から──

十五 企業統治論における正当性問題 渡 辺 英 二

III 文 献

現代経営と経営学史の挑戦
──グローバル化・地球環境・組織と個人── 第十輯

● 主要目次

I 現代経営の課題と経営学史研究

一 現代経営の課題と経営学史研究の役割─展望 小 笠 原 英 司

二 マネジメントのグローバルな移転 岡 田 和 秀
　　　　──マネジメント・学説・背景──

　三　グローバリゼーションと文化　　　　　　　　　　　髙　橋　由　明
　　　　──経営管理方式国際移転の社会的意味──
　四　現代経営と地球環境問題──経営学史の視点から──　庭　本　佳　和
　五　組織と個人の統合　　　　　　　　　　　　　　　　太　田　　　肇
　　　　──ポスト新人間関係学派のモデルを求めて──
　六　日本的経営の一検討──その毀誉褒貶をたどる──　　赤　岡　　　功

Ⅱ　創立十周年記念講演
　七　経営学史の課題　　　　　　　　　　　　　　　　　阿　部　謹　也
　八　経営学教育における企業倫理の領域　　　　　E・M・エプスタイン
　　　　──過去・現在・未来

Ⅲ　論　攷
　九　バーナード組織概念の一詮議　　　　　　　　　　　川　端　久　夫
　十　道徳と能力のシステム──バーナードの人間観再考──　磯　村　和　人
　十一　バーナードにおける過程性と物語性　　　　　　　小　濱　　　純
　　　　──人間観からの考察──
　十二　経営学における利害関係者研究の生成と発展　　　水　村　典　弘
　　　　──フリーマン学説の検討を中心として──
　十三　現代経営の底流と課題──組織知の創造を超えて──　藤　沼　　　司
　十四　個人行為と組織文化の相互影響関係に関する一考察　間　嶋　　　崇
　　　　──A・ギデンズの構造化論をベースとした組織論の考察をヒントに──
　十五　組織論における制度理論の展開　　　　　　　　　岩　橋　建　治
　十六　リーダーシップと組織変革　　　　　　　　　　　吉　村　泰　志
　十七　ブライヒャー統合的企業管理論の基本思考　　　　山　縣　正　幸
　十八　エーレンベルク私経済学の再検討　　　　　　　　梶　脇　裕　二

Ⅳ　文　献

経営学を創り上げた思想 第十一輯

●主要目次
Ⅰ　経営理論における思想的基盤
　一　経営学における実践原理・価値規準について　　　　仲　田　正　機
　　　　──アメリカ経営管理論を中心として──
　二　プラグマティズムと経営理論　　　　　　　　　　　岩　田　　　浩
　　　　──チャールズ・S・パースの思想からの洞察──
　三　プロテスタンティズムと経営思想　　　　　　　　　三　井　　　泉
　　　　──クウェーカー派を中心として──

　四　シュマーレンバッハの思想的・実践的基盤　　　　　　　　平　田　光　弘

　五　ドイツ経営経済学・経営社会学と社会的カトリシズム　　　増　田　正　勝

　六　上野陽一の能率道　　　　　　　　　　　　　　　　　　　齊　藤　毅　憲

　七　日本的経営の思想的基盤──経営史的な考究──　　　　　由　井　常　彦

Ⅱ　特別講演

　八　私の経営理念　　　　　　　　　　　　　　　　　　　　　辻　　　　　理

Ⅲ　論　攷

　九　ミッションに基づく経営──非営利組織の事業戦略基盤──　島　田　　　恒

　十　価値重視の経営哲学　　　　　　　　　　　　　　　　　　村　山　元　理
　　　　　　──スピリチュアリティの探求を学史的に照射して──

　十一　企業統治における内部告発の意義と問題点　　　　　　　境　　　新　一
　　　　　　──経営と法律の視点から──

　十二　プロセスとしてのコーポレート・ガバナンス　　　　　　生　田　泰　亮
　　　　　　──ガバナンス研究に求められるもの──

　十三　「経営者の社会的責任」論とシュタインマンの企業倫理論　高　見　直　樹

　十四　ヴェブレンとドラッカー──企業・マネジメント・社会──　春　日　　　賢

　十五　調整の概念の学史的研究と現代的課題　　　　　　　　　松　田　昌　人

　十六　HRO研究の革新性と可能性　　　　　　　　　　　　　西　本　直　人

　十七　「ハリウッド・モデル」とギルド　　　　　　　　　　　國　島　弘　行

Ⅳ　文　献

ガバナンスと政策──経営学の理論と実践──　第十二輯

●主要目次

Ⅰ　ガバナンスと政策

　一　ガバナンスと政策　　　　　　　　　　　　　　　　　　　片　岡　信　之

　二　アメリカにおける企業支配論と企業統治論　　　　　　　　佐久間　信　夫

　三　フランス企業統治　　　　　　　　　　　　　　　　　　　簗　場　保　行
　　　　　　──経営参加、取締役会改革と企業法改革──

　四　韓国のコーポレート・ガバナンス改革とその課題　　　　　勝　部　伸　夫

　五　私の経営観　　　　　　　　　　　　　　　　　　　　　　岩　宮　陽　子

　六　非営利組織における運営の公正さをどう保つのか　　　　　荻　野　博　司
　　　　　　──日本コーポレート・ガバナンス・フォーラム十年の経験から──

　七　行政組織におけるガバナンスと政策　　　　　　　　　　　石　阪　丈　一

Ⅱ　論　攷

　八　コーポレート・ガバナンス政策としての時価主義会計　　　菊　澤　研　宗

　　　──M・ジェンセンのエージェンシー理論とF・シュ
　　　ミットのインフレ会計学説の応用──
　九　組織コントロールの変容とそのロジック　　　　　　　大　月　博　司
　十　組織間関係の進化に関する研究の展開　　　　　　　　小　橋　　　勉
　　　──レベルとアプローチの視点から──
　十一　アクター・ネットワーク理論の組織論的可能性　　　髙　木　俊　雄
　　　　──異種混交ネットワークのダイナミズム──
　十二　ドイツにおける企業統治と銀行の役割　　　　　　　松　田　　　健
　十三　ドイツ企業におけるコントローリングの展開　　　　小　澤　優　子
　十四　M・P・フォレット管理思想の基礎　　　　　　　　杉　田　　　博
　　　　──W・ジェームズとの関連を中心に──

Ⅲ　文　献

企業モデルの多様化と経営理論 第十三輯
　　──二十一世紀を展望して──

●主要目次
Ⅰ　企業モデルの多様化と経営理論
　一　経営学史研究の新展開　　　　　　　　　　　　　　　佐々木　恒　男
　二　アメリカ経営学の展開と組織モデル　　　　　　　　　岸　田　民　樹
　三　二十一世紀の企業モデルと経営理論──米国を中心に──　角　野　信　夫
　四　EU企業モデルと経営理論　　　　　　　　　　　　　万　仲　脩　一
　五　EUにおける労働市場改革と労使関係　　　　　　　　久　保　広　正
　六　アジア─中国企業モデルと経営理論　　　　　　　　　金　山　　　権
　七　シャリーア・コンプライアンスと経営　　　　　　　　櫻　井　秀　子
　　　　──イスラームにおける経営の原則──

Ⅱ　論　攷
　八　経営学と社会ダーウィニズム　　　　　　　　　　　　福　永　文美夫
　　　　──テイラーとバーナードの思想的背景──
　九　個人と組織の不調和の克服を目指して　　　　　　　　平　澤　　　哲
　　　　──アージリス前期学説の体系とその意義──
　十　経営戦略論の新展開における「レント」概念
　　　の意義について　　　　　　　　　　　　　　　　　　石　川　伊　吹
　十一　経営における意思決定と議論合理性　　　　　　　　宮　田　将　吾
　　　　──合理性測定のコンセプト──

十二　ステークホルダー型企業モデルの構造と機能　　　　　水　村　典　弘
　　　　──ステークホルダー論者の論法とその思想傾向──
十三　支援組織のマネジメント──信頼構築に向けて──　　　狩　俣　正　雄

Ⅲ　文　献

経営学の現在──ガバナンス論、組織論・戦略論── 第十四輯

●主要目次

Ⅰ　経営学の現在

一　「経営学の現在」を問う　　　　　　　　　　　　　　　勝　部　伸　夫
　　　　──コーポレート・ガバナンス論と管理論・組織論──

二　株式会社を問う──「団体」の概念──　　　　　　　　中　條　秀　治

三　日本の経営システムとコーポレート・ガバナンス　　　　菊　池　敏　夫
　　　　──その課題、方向、および条件の検討──

四　ストックホルダー・ガバナンス 対 ステイクホルダー・ガバナンス　菊　澤　研　宗
　　　　──状況依存的ステイクホルダー・ガバナンスへの収束──

五　経営学の現在──自己組織・情報世界を問う──　　　　　三　戸　　　公

六　経営学史の研究方法　　　　　　　　　　　　　　　　　吉　原　正　彦
　　　　──「人間協働の科学」の形成を中心として──

七　アメリカの経営戦略と日本企業の実証研究　　　　　　　沼　上　　　幹
　　　　──リソース・ベースト・ビューを巡る相互作用──

八　経営戦略研究の新たな視座　　　　　　　　　　　　　　庭　本　佳　和
　　　　──沼上報告「アメリカの経営戦略論（ＲＢＶ）と日本企業
　　　　　の実証的研究」をめぐって──

Ⅱ　論　攷

九　スイッチングによる二重性の克服　　　　　　　　　　　渡　辺　伊津子
　　　　──品質モデルをてがかりにして──

十　組織認識論と資源依存モデルの関係　　　　　　　　　　佐々木　秀　徳
　　　　──環境概念、組織観を手掛かりとして──

十一　組織学習論における統合の可能性　　　　　　　　　　伊　藤　なつこ
　　　　──マーチ＆オルセンの組織学習サイクルを中心に──

十二　戦略論研究の展開と課題　　　　　　　　　　　　　　宇田川　元　一
　　　　──現代戦略論研究への学説史的考察から──

十三　コーポレート・レピュテーションによる持続的競争優位　加賀田　和　弘
　　　　──資源ベースの経営戦略の観点から──

十四　人間操縦と管理論　　　　　　　　　　　　　　　　　山　下　　　剛

十五　リーダーシップ研究の視点　　　　　　　　　　　　薄　羽　哲　哉
　　　　――リーダー主体からフォロワー主体へ――

十六　チャールズ・バベッジの経営思想　　　　　　　　　村　田　和　博

十七　非営利事業体ガバナンスの意義と課題について　　　松　本　典　子
　　　　――ワーカーズ・コレクティブ調査を踏まえて――

十八　EUと日本におけるコーポレート・ガバナンス・
　　　コデックスの比較　　　　　　　　　　　　ラルフ・ビーブンロット

Ⅲ　文　献

現代経営学の新潮流――方法、CSR・HRM・NPO―― 第十五輯

●主要目次

Ⅰ　経営学の方法と現代経営学の諸問題

一　経営学の方法と現代経営学の諸問題　　　　　　　　　小笠原　英　司

二　組織研究の方法と基本仮定――経営学との関連で――　坂　下　昭　宣

三　経営研究の多様性とレレヴァンス問題　　　　　　　　長　岡　克　行
　　　　――英語圏における議論の検討――

四　経営学と経営者の育成　　　　　　　　　　　　　　　辻　村　宏　和

五　わが国におけるCSRの動向と政策課題　　　　　　　谷　本　寛　治

六　ワーク・ライフ・バランスとHRM研究の新パラダイム　渡　辺　　峻
　　　　――「社会化した自己実現人」と「社会化した人材マネジメント」――

七　ドラッカー学説の軌跡とNPO経営学の可能性　　　　島　田　　恒

Ⅱ　論　攷

八　バーナード組織概念の再詮議　　　　　　　　　　　　川　端　久　夫

九　高田保馬の勢力論と組織　　　　　　　　　　　　　　林　　　　徹

十　組織論と批判的実在論　　　　　　　　　　　　　　　鎌　田　伸　一

十一　組織間関係論における埋め込みアプローチの検討　　小　橋　　勉
　　　　――その射程と課題――

十二　実践重視の経営戦略論　　　　　　　　　　　　　　吉　成　　亮

十三　プロジェクトチームのリーダーシップ　　　　　　　平　井　信　義
　　　　――橋渡し機能を中心として――

十四　医療における公益性とメディカル・ガバナンス　　　小　島　　愛

十五　コーポレート・ガバナンス論におけるExit・Voice・
　　　Loyaltyモデルの可能性　　　　　　　　　　　　　石　嶋　芳　臣

十六　企業戦略としてのCSR　　　　　　　　　　　　　矢　口　義　教
　　　　――イギリス石油産業の事例から――

Ⅲ 文 献

経営理論と実践 第十六輯

● 主要目次

Ⅰ 趣旨説明──経営理論と実践　　　　　　　　　　　　　　第五期運営委員会

Ⅱ 経営理論と実践

一 ドイツ経営学とアメリカ経営学における理論と実践　　　　高 橋 由 明

二 経営理論の実践性とプラグマティズム　　　　　　　　　　岩 田 　 浩
　　　　──ジョン・デューイの思想を通して──

三 ドイツの経営理論で、世界で共通に使えるもの　　　　　　小 山 明 宏

四 現代 CSR の基本的性格と批判経営学研究の課題・方法　　百 田 義 治

五 経営 "共育" への道　　　　　　　　　　　　　　　　　　齊 藤 毅 憲
　　　　──ゼミナール活動の軌跡から──

六 経営学の研究者になるということ　　　　　　　　　　　　上 林 憲 雄
　　　　──経営学研究者養成の現状と課題──

七 日本におけるビジネススクールの展開と二十一世紀への展望　高 橋 文 郎
　　　　　　　　　　　　　　　　　　　　　　　　　　　　中 西 正 雄
　　　　　　　　　　　　　　　　　　　　　　　　　　　　高 橋 宏 幸
　　　　　　　　　　　　　　　　　　　　　　　　　　　　丹 沢 安 治

Ⅲ 論 攷

八 チーム医療の必要性に関する試論　　　　　　　　　　　　渡 邉 弥 生
　　　　──「実践コミュニティ論」の視点をもとにして──

九 OD（組織開発）の歴史的整理と展望　　　　　　　　　　西 川 耕 平

十 片岡説と構造的支配－権力パラダイムとの接点　　　　　　坂 本 雅 則

Ⅳ 文 献

経営学の展開と組織概念 第十七輯

● 主要目次

Ⅰ 趣旨説明──経営理論と組織概念　　　　　　　　　　　　第六期運営委員会

Ⅱ 経営理論と組織概念

一 経営理論における組織概念の生成と展開　　　　　　　　　庭 本 佳 和

二 ドイツ経営組織論の潮流と二つの組織概念　　　　　　　　丹 沢 安 治

三 ヴェーバー官僚制論再考　　　　　　　　　　　　　　　　小 阪 隆 秀
　　　　──ポスト官僚制組織概念と組織人の自由──

　四　組織の概念——アメリカにおける学史的変遷——　　　　　中　條　秀　治

　五　実証的戦略研究の組織観　　　　　　　　　　　　　　　　沼　上　　　幹
　　　　　——日本企業の実証研究を中心として——

　六　ステークホルダー論の組織観　　　　　　　　　　　　　　藤　井　一　弘

　七　組織学習論の組織観の変遷と展望　　　　　　　　　　　　安　藤　史　江

Ⅲ　論　攷

　八　「組織と組織成員の関係」概念の変遷と課題　　　　　　　　閨　間　　　理

　九　制度的企業家のディスコース　　　　　　　　　　　　　　松　嶋　　　登

　十　キャリア開発における動機づけの有効性　　　　　　チン・トウイ・フン
　　　　　——デシの内発的動機づけ理論の検討を中心に——

　十一　一九九〇年代以降のドイツ経営経済学の新たな展開　　　清　水　一　之
　　　　　——ピコーの所説に依拠して——

　十二　ドイツ経営管理論におけるシステム・アプローチの展開　柴　田　　　明
　　　　　——ザンクト・ガレン学派とミュンヘン学派の議論から——

　十三　フランス中小企業研究の潮流　　　　　　　　　　　　　山　口　隆　之
　　　　　——管理学的中小企業研究の発展——

Ⅳ　文　献

危機の時代の経営と経営学 第十八輯

●主要目次

Ⅰ　趣旨説明——危機の時代の経営および経営学　　　　　第六期運営委員会

Ⅱ　危機の時代の経営と経営学

　一　危機の時代の経営と経営学　　　　　　　　　　　　　　高　橋　由　明
　　　　　——経済・産業政策と経営学史から学ぶ

　二　両大戦間の危機とドイツ経営学　　　　　　　　　　　　海道ノブチカ

　三　世界恐慌とアメリカ経営学　　　　　　　　　　　　　　丸　山　祐　一

　四　社会的市場経済体制とドイツ経営経済学の展開　　　　　風　間　信　隆
　　　　　——市場性・経済性志向と社会性・人間性志向との間の揺らぎ——

　五　戦後日本企業の競争力と日本の経営学　　　　　　　　　林　　　正　樹

　六　グローバル時代における経営学批判原理の複合　　　　　高　橋　公　夫
　　　　　——「断絶の時代」を超えて——

　七　危機の時代と経営学の再展開——現代経営学の課題——　片　岡　信　之

Ⅲ　論　攷

　八　行動理論的経営学から神経科学的経営学へ　　　　　　　梶　脇　裕　二
　　　　　——シャンツ理論の新たな展開——

　　九　経営税務論と企業者職能——投資決定に関する考察——　　　　　関　野　　　賢
　　十　ドイツ経営経済学の発展と企業倫理の展開　　　　　　　　　　　山　口　尚　美
　　　　　——シュタインマン学派の企業倫理学を中心として——
Ⅳ　文　献

経営学の思想と方法　第十九輯

●主要目次

Ⅰ　**趣旨説明——経営学の思想と方法**　　　　　　　　　　　　　　第6期運営委員会
Ⅱ　**経営学の思想と方法**
　1　経営学の思想と方法　　　　　　　　　　　　　　　　　　　吉　原　正　彦
　2　経営学が構築してきた経営の世界　　　　　　　　　　　　　上　林　憲　雄
　　　　——社会科学としての経営学とその危機——
　3　現代経営学の思想的諸相　　　　　　　　　　　　　　　　　稲　村　　　毅
　　　　——モダンとポストモダンの視点から——
　4　科学と哲学の綜合学としての経営学　　　　　　　　　　　　菊　澤　研　宗
　5　行為哲学としての経営学の方法　　　　　　　　　　　　　　庭　本　佳　和
Ⅲ　**論　攷**
　6　日本における経営学の思想と方法　　　　　　　　　　　　　三　戸　　　公
　7　組織の自律性と秩序形成の原理　　　　　　　　　　　　　　髙　木　孝　紀
　8　HRM研究における研究成果の有用性を巡る一考察　　　　　　櫻　井　雅　充
　　　　——プラグマティズムの真理観を手掛かりにして——
　9　起業を成功させるための起業環境分析　　　　　　　　　　　大久保　康　彦
　　　　——モデルの構築と事例研究——
　10　「実践の科学」としての経営学　　　　　　　　　　　　　　桑　田　耕太郎
　　　　——バーナードとサイモンの対比を通じて——
　11　アクション・サイエンスの発展とその意義　　　　　　　　　平　澤　　　哲
　　　　——経営現象の予測・解釈・批判を超えて——
　12　マズローの思想と方法　　　　　　　　　　　　　　　　　　山　下　　　剛
Ⅳ　文　献

経営学の貢献と反省——二十一世紀を見据えて——　第二十輯

●主要目次

Ⅰ　**趣旨説明——経営学の貢献と反省——21世紀を見据えて**　　　第7期運営委員会
Ⅱ　**経営学の貢献と反省——21世紀を見据えて**

1	日本における経営学の貢献と反省——21世紀を見据えて——	三 戸 公
2	企業理論の発展と21世紀の経営学	勝 部 伸 夫
3	企業の責任化の動向と文明社会の行方	岩 田 浩
4	産業経営論議の百年——貢献，限界と課題——	宗 像 正 幸
5	東京電力・福島第一原発事故と経営学・経営史学の課題	橘 川 武 郎
6	マネジメント思想における「個人と組織」の物語り	三 井 泉
	——「個人と組織」の20世紀から「関係性」の21世紀へ——	
7	経営学史における組織と時間	村 田 晴 夫
	——組織の発展と個人の満足——	

Ⅲ 論 攷

8	現代企業史とチャンドラー学説	澤 田 浩 二
	——その今日的意義と限界——	
9	v. ヴェルダーの管理組織論	岡 本 丈 彦
	——組織理論的な観点と法的な観点からの考察——	
10	組織社会化研究の新展開	福 本 俊 樹
	——組織における自己の記述形式を巡って——	

Ⅳ 文 献

経営学の再生——経営学に何ができるか—— 第二十一輯

●主要目次

Ⅰ 趣旨説明——経営学の再生——経営学に何ができるか 第7期運営委員会

Ⅱ 経営学の再生——経営学に何ができるか

1	経営学に何ができるか——経営学の再生——	藤 井 一 弘
2	経営維持から企業発展へ	山 縣 正 幸
	——ドイツ経営経済学におけるステイクホルダー思考とWertschöpfung——	
3	「協働の学としての経営学」再考	藤 沼 司
	——「経営の発展」の意味を問う——	
4	経済学を超える経営学——経営学構想力の可能性——	高 橋 公 夫
5	経営学における新制度派経済学の展開とその方法論的含意	丹 沢 安 治
6	経営学と経済学における人間観・企業観・社会観	三 戸 浩

Ⅲ 論 攷

7	組織均衡論をめぐる論争の再考	林 徹
	——希求水準への一考察——	
8	高信頼性組織研究の展開	藤 川 なつこ
	——ノーマル・アクシデント理論と高信頼性理論の対立と協調——	

　9　人的資源管理と戦略概念　　　　　　　　　　　　森　谷　周　一

　10　組織能力における HRM の役割　　　　　　　　　庭　本　佳　子
　　　　　──「調整」と「協働水準」に注目して──

　11　組織行動論におけるミクロ-マクロ問題の再検討　　貴　島　耕　平
　　　　──社会技術システム論の学際的アプローチを手がかりに──

Ⅳ　文　　献

現代経営学の潮流と限界──これからの経営学──　第二十二輯

●主要目次

Ⅰ　趣旨説明──現代経営学の潮流と限界──これからの経営学　　第 7 期運営委員会

Ⅱ　現代経営学の潮流と限界──これからの経営学

　1　現代経営学の潮流と限界──これからの経営学──　　高　橋　公　夫

　2　新制度派経済学研究の停滞とその脱却　　　　　　　菊　澤　研　宗

　3　経営戦略論の理論的多元性と実践的含意　　　　　　大　月　博　司

　4　状況適合理論から組織化の進化論へ　　　　　　　　岸　田　民　樹

　5　人的資源管理パラダイムの展開　　　　　　　　　　上　林　憲　雄
　　　　　──意義・限界・超克可能性──

Ⅲ　論　　攷

　6　イギリスにおける分業論の展開　　　　　　　　　　村　田　和　博
　　　　　──アダム・スミスから J. S. ミルまで──

　7　制度の象徴性と物質性に関する学説史的検討　　　　早　坂　　　啓
　　　　　──超越論的認識論における二律背反概念を通じて──

　8　地域社会レベルからみる企業の社会的責任　　　　　津久井　稲　緒

　9　米国における通報研究の展開　　　　　　　　　　　吉　成　　　亮
　　　　　──通報者の立場にもとづく悪事の通報過程──

　10　ダイナミック・ケイパビリティ論における知識の問題　　赤　尾　充　哉

Ⅳ　文　　献

経営学の批判力と構想力　第二十三輯

●主要目次

Ⅰ　趣旨説明──経営学の批判力と構想力　　　　　　第 8 期運営委員会

Ⅱ　経営学の批判力と構想力

　1　経営学の批判力と構想力　　　　　　　　　　　　　河　辺　　　純

　2　経営における正しい選択とビジネス倫理の視座　　　水　村　典　弘

　3　経営管理論形成期における H. S. デニスンの「長期連帯主義」思想

　　　　　　　　　　　　　　　　　　　　　　中　川　誠　士

　4　制度化された経営学の批判的検討　　　　　桑　田　耕太郎
　　　──『制度的企業家』からのチャレンジ──

　5　管理論・企業論・企業中心社会論　　　　　渡　辺　敏　雄
　　　──企業社会論の展開に向かって──

Ⅲ　論　　攷

　6　コントローリングの導入と普及　　　　　　小　澤　優　子

　7　「トランス・サイエンス」への経営学からの照射　藤　沼　　司
　　　──「科学の体制化」過程への経営学の応答を中心に──

　8　新制度経済学の思想的基盤と新自由主義　　高　橋　由　明

　9　組織能力の形成プロセス──現場からの環境適応──　庭　本　佳　子

　10　組織不祥事研究のポリティカル・リサーチャビリティ　中　原　　翔
　　　──社会問題の追認から生成に向けて──

Ⅳ　文　　献

経営学史研究の興亡　第二十四輯

●主要目次

Ⅰ　**趣旨説明──経営学史研究の興亡**　　　　第 8 期運営委員会

Ⅱ　**経営学史研究の興亡**

　1　経営学史研究の興亡　　　　　　　　　　　池　内　秀　己

　2　「歴史学的視点から見た経営学史」試考　　藤　井　一　弘

　3　経営学史研究の意義と方法　　　　　　　　海　道　ノブチカ

　4　経営学における物質性概念の行方：社会構成主義の陥穽を超えて

　　　　　　　　　　　　　　　　　　　　　　松　嶋　　登

　5　M. P. Follett 思想における Pragmatism と Pluralism　三　井　　泉
　　　──その意味と可能性──

　6　ホーマン学派の「秩序倫理」における企業倫理の展開　柴　田　　明
　　　──理論的発展とその実践的意義について──

Ⅲ　**論　　攷**

　7　グローバルリーダー研究の学史的位置づけの検討　島　田　善　道

　8　ダイナミック・ケイパビリティ論の企業家論的展開の課題と
　　　その解消に向けて　　　　　　　　　　　　石　川　伊　吹
　　　──David, Harper の企業家論を手がかりに──

 9 マズロー自己実現論と経営学 　　　　　　　　　　　山　下　　　剛

   　　──金井壽宏「完全なる経営」論について──
 10 人的資源管理論における人間的側面考察の必要性について

 　　　　　　　　　　　　　　　　　　　　　　　　　　高　橋　哲　也
 11 M. P. フォレットの「創造的経験」 　　　　　　　　西　村　香　織

   　　──Creative Experience における理解を中心として──
 12 M. P. フォレットの世界観 　　　　　　　　　　　　杉　田　　　博

   　　──その物語性の哲学的基礎──
 13 ステークホルダー理論におけるステーク概念の検討 　中　村　貴　治
Ⅳ　文　　献

経営学史研究の挑戦　第二十五輯

●主要目次
Ⅰ　趣旨説明──経営学史研究の挑戦 　　　　　　　　　第 8 期運営委員会
Ⅱ　経営学史研究の挑戦
 1　経営学史研究の挑戦──その持つ意味── 　　　　　吉　原　正　彦
 2　経営学史研究の意義を探って──実践性との関連で── 梶　脇　裕　二
 3　経営学の"実践性"と経営者育成論（経営教育学）の構想

 　　　　　　　　　　　　　　　　　　　　　　　　　　辻　村　宏　和
 4　経営学の「科学化」と実証研究 　　　　　　　　　　勝　部　伸　夫

   　　──経営学史研究の意義──
 5　物語る経営学史研究 　　　　　　　　　　　　　　　宇田川　元　一
Ⅲ　論　　攷
 6　会社法における株式会社観の日独比較 　　　　　　　山　口　尚　美

   　　──私的所有物か公共物か──
 7　日本企業の集団的意思決定プロセスの研究 　　　　　浅　井　希和子

   　　──組織論の分析視角と稟議制度──
Ⅳ　文　　献

経営学の未来──経営学史研究の現代的意義を問う──　第二十六輯

●主要目次
Ⅰ　趣旨説明──経営学の未来──経営学史研究の現代的意義を問う──

 　　　　　　　　　　　　　　　　　　　　　　　　　第 9 期運営委員会
Ⅱ　経営学の未来──経営学史研究の現代的意義を問う──

1　経営学に未来はあるか？──経営学史研究の果たす役割──

　　　　　　　　　　　　　　　　　　　　　　　上　林　憲　雄
2　経営学史と解釈学　　　　　　　　　　　　　杉　田　　　博
3　文明と経営──経営学史研究と経営学の未来──　村　田　晴　夫
4　先端的経営研究分析による学史研究の貢献　　丹　沢　安　治
　　　──方法論的論究の意義──
5　杉田博「経営学史と解釈学」およびシンポジウムに寄せて　藤　井　一　弘
6　村田晴夫「文明と経営──経営学史研究と経営学の未来──」
　　に対するコメント　　　　　　　　　　　　　三　戸　　　浩
7　新制度派経済学の未来　　　　　　　　　　　高　橋　公　夫
　　　──丹沢報告の討論者の視点から──
8　経営学の未来と方法論的課題　　　　　　　　片　岡　信　之
　　　──シンポジウムを顧みて──

Ⅲ　論　　攷
9　組織論におけるマルチパラダイムの可能性　　髙　木　孝　紀
10　リニア・モデルはなぜ必要だったのか　　　　桑　田　敬太郎
　　　──ブッシュ・レポート再訪──
11　離脱，発言，および組織の重心　　　　　　　林　　　　　徹
　　　──1920 年前後における GM 社の一考察──
12　顧客満足へ向けたサービス提供戦略と組織管理　木　田　世　界
　　　──コンティンジェンシー・モデルの拡張と研究課題の提示──

Ⅳ　文　　献

経営学の『概念』を問う──現代的課題への学史からの挑戦──　第二十七輯

●主要目次

Ⅰ　趣旨説明──経営学の『概念』を問う──現代的課題への学史からの挑戦──

　　　　　　　　　　　　　　　　　　　　　　　第 9 期運営委員会

Ⅱ　経営学の『概念』を問う──現代的課題への学史からの挑戦──
1　経営学の「概念」を問う　　　　　　　　　　藤　沼　　　司
　　　──現代的課題への学史からの挑戦──
2　批判的実在論からみた「企業」概念の刷新　　坂　本　雅　則
3　21 世紀の企業観　　　　　　　　　　　　　中　條　秀　治
　　　──グローバル社会における corpus mysticum──
4　経営学における労働概念の考察　　　　　　　庭　本　佳　子

　　　　　　──労働から仕事・キャリアのマネジメントへ──

　5　日本における「労働」概念の変化と経営学　　　　　澤　野　雅　彦

　6　経営学の「概念」を問う：経営学史研究の課題　　　吉　原　正　彦
　　　　　　──シンポジウムを顧みて──

　7　改めて「企業」概念を問う　　　　　　　　　　　　水　村　典　弘
　　　　　　──坂本報告と中條報告の討論者の視点──

　8　現代的課題への学史の挑戦と『労働』概念　　　　　風　間　信　隆
　　　　　　──庭本報告と澤野報告に対する討論者の視点──

Ⅲ　論　　攷

　9　ペンローズの企業成長理論と「資源・能力アプローチ」　黄　　　雅　雯

　10　ワーク・モチベーション研究の再検討　　　　　　　貴　島　耕　平

　11　組織間関係論の淵源　　　　　　　　　　　　　　　西　村　友　幸

　12　経営学における「意識」の存在論的探究　　　　　　河　辺　　　純
　　　　　　──バーナード組織概念からの考察──

Ⅳ　文　　献